DIE GRÜNDER
ROMS

Die Deutsche Bibliothek – CIP-Einheitsaufnahme:

Castejon, Philippe:
Die Gründer Roms : die Welt der römischen Antike / Philippe Castejon.
Ill.: Vincent Desplanche. Übers.: Elisabeth Schittenhelm.
– 1. Aufl. – Bindlach : Loewe, 2002
(Helden-Mythen-Abenteuer)
Einheitssacht.: Sur les traces des Fondateurs de Rome <dt.>
ISBN 3-7855-4472-3

ISBN 3-7855-4472-3 – 1. Auflage 2002
© 2001 Éditions Gallimard-Jeunesse, Paris
Titel der Originalausgabe *Sur les traces des ... Fondateurs de Rome*
© für die deutschsprachige Ausgabe 2002 Loewe Verlag GmbH, Bindlach
Aus dem Französischen übersetzt von Elisabeth Schittenhelm
Umschlagillustration: Vincent Desplanche
Umschlagfoto: The Art Archive / Dagli Orti; Kapitolsmuseum, Rom
Umschlaggestaltung: Andreas Henze
Printed in Italy

www.loewe-verlag.de

DIE GRÜNDER
ROMS

Die Welt der römischen Antike

erzählt und illustriert von
Philippe Castejon und Vincent Desplanche

Aus dem Französischen übersetzt von
Elisabeth Schittenhelm

Loewe

DIE GRÜNDER
ROMS

Flucht aus Troja

So nimmt die Geschichte von der Gründung Roms
bei Vergil ihren Anfang:

Seit fast zehn Jahren wird die Stadt **Troja** von der Schrecken verbreitenden Armee der **Achäer** belagert. Die griechischen Zeltlager reichen bis an die Stadttore heran. Jede der beiden Kriegsparteien hoffte in den langen Jahren des erbitterten Kampfes, den entscheidenden Sieg erringen zu können. Vergebens – die trojanischen und achäischen Helden kämpften immer weiter; vergebens – sie fanden dabei den Tod.

Doch nun glauben die Achäer, die Stadt, deren uneinnehmbare Mauern einst von **Neptun**, dem Herrscher der Meere, errichtet wurden, durch eine List bezwingen zu können. **Odysseus**, der listige Held der Griechen, lässt ein riesiges Holzpferd auf Rädern bauen. Während die Armee ihren Rückzug vortäuscht, ruft er seinen Vetter Sinon zu sich und weiht ihn in seinen Plan ein: „In dem Pferd werden sich Soldaten verstecken, die – einmal in die Stadt gelangt – uns bei Einbruch der Dunkelheit die Tore öffnen. Deswegen müssen die Trojaner dazu gebracht werden, das Holzpferd in ihre Stadt zu ziehen. Lass du dich von unseren Feinden gefangen neh-

Troja: antike Stadt im Nordwesten Kleinasiens.
Achäer: Bezeichnung für die Griechen zur Zeit des trojanischen Krieges.
Neptun: römischer Gott des Meeres.
Odysseus: griechischer Held im Trojanischen Krieg. Seine Rückkehr nach Ithaka dauerte fast zehn Jahre. Diese Irrfahrt wird in der „Odyssee" von Homer beschrieben.

men, und tue so, als ob du dich an uns rächen wolltest. Du musst die Trojaner davon überzeugen, dass wir die Belagerung endgültig aufgegeben haben!"

In dieser Nacht schläft der Trojaner Aeneas friedlich in seinem Haus, als ihm im Traum sein verstorbener Freund Hektor erscheint.

"Hektor, konntest du dem Reich der Toten entkommen?", fragt Aeneas. "Was bedeuten die Tränen auf deinem Gesicht?"

"Troja, die Stadt unserer Vorfahren, wird untergehen. Die Achäer sind bereits innerhalb der Mauern. Fliehe schnell, Aeneas, fliehe mit den Deinen!"

Als Aeneas diese Worte vernimmt, springt er aus dem Bett, ergreift seine Waffen und ruft seine Gefährten herbei. Gemein-

sam eilen sie zu den Stadtmauern. Zahlreiche Gebäude stehen bereits in Flammen. Gegnerische Soldaten stoßen in alle Straßen vor. Der Königspalast jedoch hält dem Ansturm noch stand. Unterwegs begegnet ihnen eine Gruppe von Achäern: „Beeilt euch, die anderen sind schon weit voraus", sagt einer von ihnen in dem falschen Glauben, sie gehörten ebenfalls zu den Eroberern.

In diesem Augenblick ziehen Aeneas und seine Gefährten ihre Schwerter und stürzen sich auf die Achäer, die angesichts des plötzlichen Angriffs vollkommen wehrlos sind. Aeneas und seine Kameraden gewinnen schnell die Oberhand und schlagen ihre Feinde zu Boden. Sie nehmen deren Waffen und ziehen die feindlichen Rüstungen an, um schnell und unerkannt zum Königspalast vordringen zu können.

Fast die gesamte achäische Armee hat sich am Fuße der Festung versammelt. Das schwere Portal des Königspalastes bebt unter den wiederholten Stößen des Mauerbrechers. Pyrrhus, Sohn des achäischen Helden **Achilles**, versucht mit aller Gewalt, dieses Tor zu öffnen. Es ist das letzte Hindernis zwischen ihm und dem trojanischen König Priamos, dem Mörder seines Vaters. Von den hohen Palastmauern aus werfen die Verteidiger Felsbrocken auf die achäischen Krieger herab.

Achilles: der tapferste griechische Held vor Troja. Er fiel durch einen Pfeil, der ihn in die einzige verwundbare Stelle seines Körpers, die Ferse, traf.

Unterdessen gelingt es Aeneas und seinen Gefährten, durch einen Geheimgang, der früher von der königlichen Familie benutzt wurde, in den Königspalast zu gelangen. Doch als sie das Zentrum des Palastes erreichen, ist es zu spät: König Priamos ist tot. Leblos liegt er zu Füßen des lachenden und spottenden Pyrrhus. Alles scheint verloren für die Trojaner. Aeneas überkommt ein entsetzliches Gefühl. Was soll aus den Seinen werden? Wird sein alter Vater Anchises das gleiche Schicksal erleiden wie der ehrwürdige Priamos? Werden sein kleiner Sohn Ascanius und seine Frau Kreusa für den Rest ihres Lebens ein Dasein als Sklaven der Achäer fristen?

Helena: Tochter des Zeus und der Leda. Helena war die schönste aller Sterblichen. Sie heiratete Menelaos, König von Sparta. Ihre Entführung durch den Trojaner Paris löste den Trojanischen Krieg aus, der in Homers „Ilias" beschrieben wird.

Aeneas rennt, so schnell er kann, fort von diesem Ort des Todes, hin zu denjenigen, die ihm lieb sind. Plötzlich glaubt er, die Frau zu sehen, die nicht nur dieses Unglück hervorgerufen hat, sondern auch der Grund für den Trojanischen Krieg ist: die schöne **Helena**. Wutentbrannt, mit der Hand an seinem Schwert, nähert Aeneas sich dem weißen Schatten.

Eine liebliche Stimme spricht zu ihm: „Mein Sohn, wen glaubst du auf diese Weise zu bestrafen? Es sind nicht die Achäer, die Troja zerstören. Sie sind nur Spielzeuge in den Händen der Unsterblichen: **Juno** hat den Untergang Trojas heraufbeschworen. Bis zu diesem Augenblick habe ich deine Familie vor den feindlichen Kriegern, die sich in der Stadt herumtreiben, beschützt. Kehre schnellstmöglich zu ihnen zurück, und verlasse diese Stadt, die nicht mehr existiert."

Juno: Gattin des Jupiter.

Kaum hat sie diese Worte gesprochen, entschwindet die Göttin **Venus** wieder im Nebel. Nun ist auch Aeneas von einer dichten Nebelwolke umhüllt, die ihn unsichtbar macht. Mit diesem göttlichen Schutzmantel setzt er seinen Weg fort und erreicht ohne Zwischenfälle sein

Venus: Göttin der Liebe. Der Sage nach Mutter des Aeneas.

Elternhaus. In der Türschwelle steht sein alter Vater, der ungeduldig seine Heimkehr erwartet.

„Vater, wir müssen fliehen!", ruft Aeneas. „Die Achäer sind überall, sie plündern unsere Häuser und brennen unsere Stadt nieder. Lass uns in die Berge flüchten. Dort werden wir Boote bauen und diese Gegend verlassen, über die so viel Unglück hereingestürzt ist."

Bei diesen Worten schließt Aeneas seinen Sohn in die Arme, und Kreusa ergreift die Hand des alten Anchises.

„Ich kann nicht mit euch kommen", sagt Anchises. „Ich habe in diesem Haus viele Jahre gelebt. Mein Leben neigt sich dem Ende entgegen. Ihr seid jung, ihr müsst fliehen. Aber ich bin nur ein alter Mann, der zu Hause und nicht in der Fremde sterben will."

„Glaubst du, wir könnten dich verlassen? Mein Vater, selbst die Götter sind gegen Troja. Wenn wir nicht aus dieser Stadt fliehen, werden wir entweder zu Sklaven der Achäer oder wir gehen hier alle zu Grunde."

Da fangen plötzlich die Haare des kleinen Ascanius Feuer und erstrahlen in hellem Glanz vor den Augen seiner Familie, die erschüttert daneben steht. Aeneas gießt schnell klares Wasser über den Kopf des Kindes, und das **Zeichen** ist vorbei.

Zeichen: außergewöhnliches Ereignis, das den Göttern zugeschrieben wurde.
Jupiter: der höchste der römischen Götter, Herrscher über Blitz und Donner.
Ceres: römische Göttin des Ackerbaus und der Feldfrucht.

In diesem Moment ertönt ein Donnerschlag, und eine Sternschnuppe weist ihnen die Fluchtrichtung. **Jupiter** bekräftigt so seinen Willen und sagt Ascanius ein glorreiches Schicksal voraus. Und Anchises beschließt, mit den anderen fortzugehen. Da der alte Mann kaum noch laufen kann, hebt Aeneas ihn auf seine Schultern, um ihn zu tragen. Den kleinen Ascanius nimmt er an die Hand. Kreusa folgt ihnen.

Langsam, im Dunkel der Nacht, machen sie sich auf den Weg. Doch die Angst ist ihr steter Begleiter. Achäische Soldaten könnten plötzlich auftauchen. Das kleinste Geräusch lässt die vier aufschrecken. Nachdem es ihnen gelungen ist, die Stadt zu durchqueren, gehen sie weiter in Richtung der heiligen Zypresse, die sich außerhalb der Stadt in der Nähe des Tempels der **Ceres** befindet. Dort wollen sie andere Trojaner treffen, die wie sie geflüchtet sind. Endlich haben sie das Stadttor erreicht. Die Familie glaubt, außer Gefahr zu sein.

Doch plötzlich, als er sich umdreht, ruft Anchises: „Die achäischen Schilde funkeln. Sie sind nah! Wir müssen fliehen, mein Sohn, wir müssen fliehen. Lauf!"

Aeneas rennt, so schnell er kann. Er verlässt die Straße und flüchtet mitten durchs Gebüsch. Endlich erblickt er die heilige Zypresse. Anchises und Ascanius sind bei ihm. Nach und nach treffen dort auch all die anderen Gefährten ein. Aber vergeblich wartet Aeneas auf seine Gattin Kreusa. Niemand hat sie gesehen. Nach einigen Stunden macht er sich schließlich auf die Suche nach ihr. Er lässt keinen Winkel aus in der Hoffnung, ein Lebenszeichen von Kreusa zu entdecken.

Stundenlang irrt er durch das vom Feuer zerstörte und von den Achäern geplünderte Troja. Plötzlich erscheint ihm eine körperlose Gestalt. Es ist der **Schatten** seiner Gattin Kreusa. Sie wendet sich an ihn mit folgenden Worten: „Die Götter haben entschieden, mich in das Reich der Toten aufzunehmen. Ich kann dich auf deiner Reise nicht länger begleiten. Das Meer ist dein Ziel. Gib Acht auf unseren Sohn. Leb wohl!"

Schatten: Geist eines Verstorbenen in menschlicher Gestalt.

Aeneas versucht, sie zurückzuhalten, als der Schatten verblasst. Er bleibt allein zurück in seinem unbeschreiblichen Schmerz und irrt durch die in Flammen stehende Stadt.

Mit schwerem Herzen kehrt Aeneas zu seinen Gefährten bei der Zypresse zurück. Inzwischen sind noch viele Trojaner zu ihnen gestoßen. Als ihr Anführer beschließt Aeneas, in das nahe gelegene Ida-Gebirge zu ziehen. Im Wald des heiligen Gebirges werden seine Leute sicher sein. Sie können dort Holz für den Bau einer Flotte sammeln, mit der sie ihre Flucht fortsetzen werden. Für alle ist der Aufstieg mühsam und beschwerlich. Nur das brennende Troja erhellt hinter ihnen den Nachthimmel.

Die Dame von Elche, keltische Göttin

DER MITTELMEERRAUM ist die Wiege zahlreicher Völker, deren Blütezeit zwischen der Zerstörung Trojas (im 13. oder 12. Jh. v. Chr.) und dem Fall des letzten römischen Königs (509 v. Chr.) liegt. Erst durch dieses Zusammentreffen verschiedener Kulturen entsteht das römische Weltreich.

Die Etrusker

Mit Beginn des 9. Jh. v. Chr. entwickelt sich in Mittelitalien die etruskische Kultur. Die Etrusker sind Furcht erregende Krieger, aber ebenso geschickte Kunsthandwerker und erfolgreiche Händler. Im 6. Jh. v. Chr. ist ihre Ausdehnung am größten: Sie herrschen über ein riesiges Gebiet von Rom bis nach Norditalien (Po-Ebene).

Detail eines etruskischen Sarkophags

Die Kelten

Die ersten Spuren der Kelten gehen auf das 2. Jahrtausend v. Chr. zurück. Dieser Völkerstamm breitet sich in einem großen Gebiet von Spanien bis nach Mitteleuropa aus.

Im 7. Jahrhundert v. Chr. treffen die Kelten auf die Etrusker und die Phönizier und siedeln sich im 5. Jahrhundert v. Chr. in Norditalien an.

Säulen des Herkules

Rom

ITALIE

MITTERMEER

SIZILIE

Karthago

„ICH KANN DICH AUF DEINER REISE NICHT LÄNGER BEGLEITEN. DAS MEER IST DEIN ZIEL. LEB WOHL!"

Die Phönizier

Die Phönizier sind Seefahrer und Händler und stammen aus dem Nahen Osten. Sie gründen in Nordafrika sowie auf Sizilien zahlreiche Niederlassungen, um mit den anderen Völkern Handel zu treiben. Die Stadt Karthago, die der Sage nach von der phönizischen Königin Dido im Jahre 814 v. Chr. gegründet wird, entwickelt sich schnell zu einer der reichsten Städte des Mittelmeerraums.

Teil einer Kette aus Glas, phönizische Kunst aus Karthago

Die Griechen

Im Laufe des 7. Jh. v. Chr. entstehen in Griechenland zahlreiche unabhängige „Mini"-Staaten, die aus einer Stadt und dem umliegenden Land bestehen. Zur gleichen Zeit findet eine große Kolonisationsbewegung statt. Die Griechen besiedeln Kleinasien, die Krim und Süditalien, wo sie weitere Städte gründen.

Die Akropolis in Athen

SCHWARZES MEER

GRIECHEN-LAND

IONIEN

Troja

Athen

MITTELMEER

KRETA

PHÖNIZIEN

Sidon

Tyros

Die Ägypter

Ägypten ist ein „Geschenk des Nils". Der Fluss verhilft dem Land zu Wohlstand, und im 4. Jahrtausend v. Chr. entwickelt sich die ägyptische Hochkultur. Die als Halbgötter angesehenen Pharaonen lassen gigantische Pyramiden als Grabstätten errichten.

Der Sphinx vor der Cheops-Pyramide

Von Insel zu Insel

Troja liegt in Schutt und Asche. Vor der Küste der zerstörten Stadt segeln schmale Schiffe einem unbekannten Ziel entgegen, an Bord die letzten Überlebenden des Krieges. Als sich die Dunkelheit herabsenkt, quälen Aeneas tausend Fragen: Was soll nur aus seinen Leidensgefährten werden?

„Befrage die Götter, um zu erfahren, wo die Trojaner eine neue Stadt bauen sollen", rät ihm Anchises.

Am nächsten Morgen gibt Aeneas seinen Leuten den Befehl, Kurs auf die Insel **Delos** zu nehmen, wo sich das Heiligtum des **Apollo** befindet. Mit günstigem Wind erreichen sie nach einigen Tagen die Insel. Dort besucht Aeneas König Anios, einen alten Freund von Anchises und zugleich Priester des Apollo „Wir sind heimatlos. Wir möchten wissen, wie der Wille Apollos lautet. In welchem Teil der Welt sollen wir uns niederlassen?"

Delos: Insel in der Ägäis.
Apollo: Gott des Lichts, der Künste und der Dichtkunst. Ihn baten die Menschen bei Reisen um Rat.

Kaum hat er dies gesagt, und noch bevor Anios antworten kann, beginnt die Erde zu beben als Zeichen für die Bereitschaft Apollos, ihnen zu helfen. Eine Stimme ertönt aus dem Nichts: „Geht in das Land eurer Ahnen. Dort werden die Nachkommen von Aeneas regieren."

Anchises sagt zu seinem Sohn: „**Kreta** ist das Land, aus dem unsere Vorfahren stammen. Also ist Kreta unser Ziel."

Die Trojaner opfern den Göttern Apollo und Neptun einen Stier und begeben sich anschließend zurück aufs Meer. Sie segeln bis nach Kreta. Dort legen sie an einer verlassenen Stelle an und gründen, getreu den Worten Apollos, eine neue Siedlung. Sie errichten eine Stadtmauer und bauen Häuser. Doch nach einigen Wochen erleben Aeneas und seine Leute ein seltsames Unheil. Der Boden wird unfruchtbar, und die Bäume tragen keine Früchte mehr. Besorgt fragt Aeneas seinen Vater: „Vater, was können wir tun? Sollen wir hier bleiben oder von hier fortgehen?"

Kreta:
griechische Insel im Mittelmeer, südlich der Halbinsel Peloponnes.

„Lass uns nach Delos zurückkehren, um Apollo erneut zu befragen."

In der folgenden Nacht schläft Aeneas sehr unruhig. Plötzlich erscheinen ihm im Traum die Heiligenbilder seiner Ahnen.

„Aeneas, Apollo hat dir nicht befohlen, dich in Kreta niederzulassen. Unsere Familie stammt aus einem Land, das viel weiter entfernt liegt. Die Achäer nennen dieses Land Italien. Geh, Aeneas, mache dich auf zu diesen neuen Ufern. Es erwarten dich dort ruhmreiche Zeiten."

Als er aufwacht, ruft Aeneas seine Gefährten zu sich und schildert ihnen seinen Traum. Sie beschließen, Kurs nach Westen zu nehmen, in Richtung Italien. Die Schiffe segeln aufs weite Meer hinaus. Bald ist kein Land mehr in Sicht. Plötzlich kommt Wind auf, und schwarze Wolken verdunkeln den Himmel. Der Tag wird zur Nacht. Drei Tage lang tobt ein

fürchterlicher Sturm über dem Meer. Bei Anbruch des vierten Tages wird ein Küstenstreifen sichtbar. Die hungrigen Trojaner stürzen an Land und töten einige Tiere der am Ufer weidenden Viehherde. Doch noch während ihrer Mahlzeit werden Aeneas und seine Gefährten von fliegenden Ungeheuern angegriffen, die den Körper eines Raubvogels und den Kopf einer Frau besitzen. Es sind die **Harpyien**. Eine von ihnen, Kelaino, spricht

Harpyien: Ungeheuer mit dem Gesicht einer Frau und dem Körper eines Raubvogels.

sie an: „Trojaner", ruft sie mit ernster und Furcht einflößender Stimme, „ihr wollt Krieg in unser Land bringen und uns aus dem Land unserer Väter verjagen. Apollo hat es euch geweis-

sagt: Ihr werdet eure Bestimmung in Italien finden. Doch an
welchem Ort ihr eine neue Stadt gründen sollt, das werdet ihr
erst wissen, wenn ihr vor Hunger eure Tische verzehrt habt.
Hört mich an: Ihr werdet unsagbares Leid und schlimme
Hungersnöte erfahren. Und bitter werdet ihr es bereuen, unser
Vieh getötet zu haben."

In Angst und Schrecken versetzt kehren die Trojaner sofort
auf die Schiffe zurück. Der Wind treibt sie erneut an die Küste
einer Insel, auf der sie sich Proviant besorgen wollen. Da
kommt ein Mann auf sie zu. Es ist ein Achäer.

„Trojaner, ich bin Achemenides, ein Gefährte von Odysseus.
Ihr befindet euch auf der Insel des Zyklopen Polyphem, der
ein Sohn Neptuns ist. Er ernährt sich von menschlichem

Fleisch! Mehrere meiner Gefährten wurden in seiner Höhle gefangen und von ihm gefressen. Odysseus hat zwar sein einziges Auge zerstört, doch Polyphems Brüder leben auch auf dieser Insel und dürsten nach Rache."

Kaum hat Achemenides zu Ende gesprochen, ertönt ein dumpfes Geräusch.

„Das ist Polyphem!", ruft Achemenides und ergreift Aeneas' Arm. „Schnell, fort von hier!"

Sie eilen so schnell sie können zurück auf ihre Schiffe und stechen in See.

Doch der blinde Riese hört den Lärm der Ruderschläge und bemerkt so die Trojaner. Mit einem Baumstamm, den er als Stock benutzt, versucht er, eines der Schiffe zu erwischen. Aber die Trojaner sind bereits außer Reichweite. Der besonnene Achemenides zeigt ihnen den Weg.

Doch erneut bricht ein Unglück über Aeneas herein: Erschöpft von den Ereignissen der Flucht, hat Anchises sein Leben ausgehaucht. Aeneas fühlt sich sehr einsam. Weder Apollo noch Kelaino haben ihm den Tod seines Vaters vorhergesagt. Wie soll er ohne den wertvollen Rat des weisen Anchises sein Volk nach Italien führen?

Im Verlauf ihrer langen Reise sieht sich die trojanische Flotte bald der nächsten großen Gefahr ausgesetzt: Juno entdeckt die Überlebenden der Stadt, deren Untergang sie heraufbeschworen hat. Die Trojaner werden doch nicht etwa die Gründung einer neuen Stadt wagen? In großem Zorn fordert sie **Aeolus** auf, einen Sturm über die Schiffe hinwegfegen zu lassen. Die trojanischen Schiffe werden durch den Sturm auseinander gerissen, und bald sind alle in den Fluten verschwunden. Aeneas ist am Rande der Verzweiflung. Wie soll er die anderen Trojaner jemals wieder finden? Neptun, der Gott des Meeres, besänftigt die peitschenden Wogen, da er sich an Aeneas' Opfergabe auf Delos erinnert. Erneut taucht ein Küstenstreifen am Horizont auf. Es ist Afrika. Aeneas beschließt, das Land zusammen mit einem seiner Gefährten zu erkunden. Sie legen an, gehen die Küste entlang und erreichen schließlich einen dichten Wald. Hinter einer Wegbiegung treffen sie auf eine junge Jägerin.

„Du kannst nur **Diana** sein", sagt Aeneas zu ihr.

„Nein", antwortet Venus, die eine andere Gestalt

Aeolus: von den Römern als Herr der Winde verehrt.

Diana: römische Göttin der Jagd.

angenommen hat, um nicht von ihrem Sohn erkannt zu werden. „Ich bin nur eine Sterbliche. Geht Richtung Süden. Ihr seid nahe der Stadt **Karthago**, in der die Königin Dido regiert. Sie wird euch ihre Gastfreundschaft erweisen."

„Wir haben so viel Unglück erlebt. Unsere Heimat ist zerstört, und ich habe meine Gefährten bei einem Unwetter verloren."

Karthago: nordafrikanische Stadt, die der Sage nach von der phönizischen Königin Dido gegründet wurde.

„Deine Gefährten sind wohlauf. Du wirst sie in Karthago wiedersehen", antwortet Venus.

Als sie in einer Nebelwolke verschwindet, erkennt Aeneas seine Mutter. Mit einem Schutzmantel aus demselben geheimnisvollen Nebel, der Aeneas bereits bei seiner Flucht aus Troja umgab, machen sich die beiden Freunde auf den Weg nach Karthago.

Ohne jeden Zwischenfall erreichen sie die reiche Stadt. Sie gehen sofort in den Tempel, in dem sich die Königin aufhält. Vor ihr haben sich alle Trojaner versammelt, die beim Sturm auf dem Meer verschwunden waren. Dido bietet ihnen ihre Hilfe an: „Ihr tapferen Trojaner, ich kenne eure Leiden. Ihr könnt, wenn ihr es wünscht, bei uns bleiben. Hier seid ihr in Sicherheit."

Voller Freude jubeln die Trojaner der Königin zu. Aeneas und sein Gefährte treten nun ebenfalls nach vorne, dabei löst sich ihr Nebelgewand langsam auf.

„Seht, das ist Aeneas!", ruft in diesem Augenblick einer der Trojaner. Dido lädt den tapferen Aeneas sogleich zu einem abendlichen Festmahl ein.

Doch Juno denkt sich eine neue List aus, um Aeneas' Weiter-

Cupido: römischer Liebesgott.

fahrt nach Italien zu verhindern: Sie beauftragt **Cupido**, bei der Königin mit seinem Pfeil das Feuer der Liebe zu entfachen. Und so kann Dido während des Festmahls ihren Blick nicht von Aeneas lösen.

Die Zeit vergeht, und mit jedem Tag wird Didos Leidenschaft größer. Da sie ihre Liebe nicht länger geheim halten kann, vertraut sie sich ihrer Schwester an: „Seit der Ankunft der Trojaner leide ich Seelenqualen. Mein Herz brennt vor Liebe, und meine Gedanken gelten nur noch Aeneas. Dieser Fremde entzündet in mir eine alles verzehrende Leidenschaft. Glaubst du, dass diese Liebe erwidert wird?"

„Mögen die Götter dir die Liebe dieses Mannes schenken", antwortet ihre Schwester.

Aeneas und seine Gefährten verbringen glückliche Tage am Hofe der Königin Dido. Eines Tages jedoch verdunkelt sich während der Jagd plötzlich der Himmel, und es beginnt zu hageln. Es ist das Werk Junos. Die Jäger laufen schnell auseinander. Aeneas und Dido finden in einer Grotte Unterschlupf. Dort geben sie sich ihrer Leidenschaft hin und schwören sich ewige Liebe.

Davon erfährt der **numidische** König Jarbas, ein Verehrer Didos. In rasender Eifersucht wendet er sich an Jupiter. Der Göttervater ist erzürnt: Aeneas vernachlässigt seinen Auftrag! Er hat vergessen, dass er in Italien eine neue Stadt gründen soll! Unverzüglich schickt Jupiter an Aeneas den Befehl, Karthago und seine Geliebte zu verlassen. Er soll mit seinen Schiffen wieder auf das Meer zurückkehren, damit sich sein Schicksal erfüllen kann. Vergeblich bemüht sich Dido, den Geliebten zurückzuhalten. Sie weint und versucht mit allen Mitteln, Aeneas davon zu überzeugen, bei ihr zu bleiben.

Numider: nordafrikanische Nomaden.

Doch es nützt alles nichts. Aeneas muss fortgehen.

Am nächsten Morgen verfolgt Dido in ohnmächtigem Schmerz die Abfahrt der Trojaner. Die Königin lässt einen großen Scheiterhaufen errichten, um alle Gegenstände, die sie an Aeneas erinnern, zu verbrennen. Wahnsinnig vor Kummer und Schmerz stürzt sie sich im letzten Moment selbst in die Flammen.

DAS MITTELMEER ist für die Völker der Antike ein in sich geschlossener Raum und das Zentrum der ihnen bekannten Welt. Das Meer ist wegen der Sturmgefahr für die Schiffe einerseits ein gefürchteter Ort, andererseits jedoch Schauplatz vielfältiger Aktivitäten. Für die Völker der Küstenregionen ist das Meer eine Quelle unerschöpflichen Reichtums.

Mittelmeerküste

Neptun auf seinem Wagen

„DIE SCHIFFE SEGELN AUFS WEITE MEER HINAUS. BALD IST KEIN LAND MEHR IN SICHT. PLÖTZLICH KOMMT WIND AUF, UND SCHWARZE WOLKEN VERDUNKELN DEN HIMMEL."

Neptun, der Gott des Meeres
Neptun, Bruder des Göttervaters Jupiter, ist Herr aller Meere. Wenn er mit dem Dreizack in der Hand aus seinem Meereswagen emporsteigt, kann er Stürme entfesseln. Die Seefahrer bringen ihm viele Opfer dar, um ihn wohlwollend zu stimmen.

Die Kaps
Die zerklüfteten weißen Felsen eines Kaps mit seinen Pinien- und Olivenbäumen gehören zusammen mit den Inseln zu den charakteristischen **Landschaften** des **Mittelmeerraums.** Kaps dienen den Seefahrern als Orientierungshilfe und sind häufig den Göttern geweiht.

Die Amphoren
Der Seehandel ist im Mittelmeerraum sehr alt. In so genannten Amphoren werden zahlreiche Waren wie Wein und Olivenöl transportiert. Zu Wasser können wesentlich mehr Waren als auf dem Landweg befördert werden.

Der Fischfang
In der Antike werden für den Fischfang Netze oder Angeln benutzt. Fische gehören zu den Grundnahrungsmitteln, da die Siedlungen sich immer in Küstennähe befinden. Der Fischfang (insbesondere Tunfisch) verhilft mancher Stadt zu Wohlstand.

Die Piraterie
Sie ist ebenso alt wie der Seehandel. Auch ein Händler kann gelegentlich zum Seeräuber werden. Und einige Handelsvölker, wie die Phönizier oder die Etrusker, gelten sogar als gefährliche Piraten.

Abstieg in die Unterwelt

In der Nähe von Cumae lebt in einer Höhle mit unzähligen Gängen die **Sibylle**, eine Priesterin mit Furcht erregendem Aussehen. Aus ihrem Mund spricht Apollo zu den Menschen.

Genau dort landet nun das Schiff des frommen Aeneas. Allein geht er in die Höhle der Priesterin. Erstarrt bleibt er stehen, als er ihre Stimme vernimmt:

Sibylle: eine von den Göttern inspirierte Frau. Die berühmteste lebte in Cumae in Süditalien.

„Was willst du, Sterblicher? Apollo hört dir zu!"

„Seherin, befrage ihn, in welchem Teil Italiens wir unsere Stadt gründen sollen."

Noch während er diese Worte spricht, verwandelt sich das Gesicht der Priesterin und verliert dabei seine menschlichen Züge. Apollo ergreift Besitz vom Körper der Sibylle.

Mit tiefer Stimme erwidert Apollo: „In Latium sollen die Trojaner sich niederlassen. Ich sehe jedoch, dass euch dort schwere Kämpfe bevorstehen. Gehe ohne Furcht, Aeneas, deine Kühnheit wird dein treuester Verbündeter sein."

Die Worte des Gottes erfüllen Aeneas mit Zuversicht, während die Sibylle allmählich wieder ihre menschliche Gestalt erhält. Aeneas wartet einige Augenblicke, bevor er ein weiteres Anliegen an sie heranträgt: „Ehrwürdige Priesterin Apollos, die

Ahnen berichten, dass das Tor zur Unterwelt ganz nah ist. Ich muss in das Reich der Toten gehen. Mein Vater erwartet mich dort. Ich bitte dich, erlaube mir, sein Gesicht wiederzusehen."

„Es ist leicht, in das Reich von **Hades** hinabzusteigen", antwortet ihm Sibylle, „doch es sind nur wenige Sterbliche von dort wieder zurückgekehrt. Sohn der Venus, mit dem Wohlwollen der Götter werde ich dich dorthin führen, und mit mir wirst du in die Welt der Lebenden zurückkehren."

Nachdem Aeneas und die Sibylle eine ganze Weile gelaufen sind, gelangen sie an einen großen schlammigen Fluss, den **Acheron**. An seinem Ufer irren Unglückselige umher.

„Wer sind diese Wesen?", fragt Aeneas.

„Das sind Menschen ohne Grabstätte", gibt ihm die Priesterin Apollos zur Antwort. „Sie sind dazu verurteilt, hier zu bleiben. Erst nach hundert Jahren dürfen sie endlich den Acheron überqueren."

Direkt am Flussufer steht ein abscheuliches Wesen. Ein schmutziger und schäbiger Mantel hängt über seinen Schultern, sein Blick ist leblos. Es ist **Charon**, der Fährmann. Mit einer langen Stange bewegt er seine Barke von einem Ufer zum anderen.

„Fremde, ich kann keine Lebenden nach drüben bringen, nur Tote dürfen in meine Barke steigen. Auf der anderen Seite des Flusses befindet sich die Unterwelt."

Da zieht die Sibylle aus ihrem Ärmel einen goldenen Zweig, mit dem sie Charon zum Schweigen bringt. Er lässt die beiden in sein Boot einsteigen.

Hades: griechischer Gott der Unterwelt. Die Römer nannten ihn Pluto.
Acheron: Fluss in der Unterwelt.
Charon: Fährmann, der die Toten über den Acheron bringt.

Der dreiköpfige Höllenhund **Cerberus** empfängt sie am anderen Ufer. Er beginnt wutschnaubend zu bellen und zerrt heftig an seinen Ketten. Schlangen winden sich um seine Hälse.

Cerberus:
Wachhund der Unterwelt.

Die Sibylle hält ihm einen Honigkuchen hin, der ein Schlafmittel enthält. Das Ungeheuer stürzt sich auf den Kuchen und verschlingt ihn. Er fällt augenblicklich in einen tiefen Schlaf. Aeneas und die Sibylle betreten nun das Reich der Toten.

Überall sind Wehklagen zu hören, die Schreie der unschuldig Verurteilten, der Selbstmörder und derjenigen, die aus Liebe den Tod fanden. Ein Schatten huscht vorbei. Aeneas erkennt Dido.

„Königin von Karthago, warum haben mir die Götter nicht erlaubt, in deinem Reich zu bleiben? Dido, ich werde dich immer lieben!", ruft er ihr entgegen.

Doch schon ist der Schatten der unglücklichen Königin entschwunden.

Aeneas ist den Tränen nahe, doch die Sibylle drängt ihn, weiterzugehen. Nachdem sie einen langen Weg schweigend zurückgelegt haben, bleibt die Priesterin Apollos an einer Wegkreuzung stehen.

Elysium:
Aufenthaltsort der rechtschaffenen Menschen im Gegensatz zum Tartaros, wo sich die Menschen befinden, die unendliche Bestrafung verdient haben.

„Auf der rechten Seite befindet sich das **Elysium**. Dort leben die Glückseligen. Du wirst hier deinen Vater finden und noch viele andere tapfere Männer. Auf der linken Seite beginnt der Tartaros. Dort werden alle Verbrecher bestraft."

Sie betreten das Elysium. Welch wunderbares Erstaunen für Aeneas, als er diese Welt der Reinheit und Schönheit erblickt! Die Wiesen sind mit wunderschönen Blumen bedeckt, und in den kleinen Wäldern zwitschern Vögel.

Als Aeneas seinen Vater Anchises entdeckt, kann er seine Gefühle nicht mehr zurückhalten. Er läuft auf ihn zu und bricht in den Armen des Vaters in Tränen aus.

„Weine nicht, mein Sohn", sagt Anchises, „nun sind wir wieder vereint."

„Mein Vater, bist du glücklich hier?"

Ohne zu antworten zeigt Anchises mit einer Handbewegung auf die außergewöhnliche Welt, in der er lebt. Er deutet auf ein friedlich dahinfließendes Gewässer.

„Das ist der Fluss Lethe. Wer aus seinem Wasser trinkt, wird alles, was er erlebt hat, vergessen. Die irdischen Leiden werden für immer vom reinen Wasser des Flusses davongetragen. Die Vergangenheit existiert nicht mehr. Ich verbringe meine Tage damit, an die Zukunft zu denken. Deine Nachfahren werden in Alba Longa herrschen. Einer von ihnen wird die berühmte Stadt Rom gründen, die eines Tages zum Zentrum des Universums aufsteigt. Unsere Familie sieht Jahrhunderte währendem Ruhm entgegen."

Dieses Wiedersehen erfüllt Aeneas mit großem Glück, doch schon ruft ihm die Sibylle zu: „Aeneas, es ist Zeit, zu den Lebenden zurückzukehren."

Anchises begleitet seine Besucher bis zu einer Elfenbeinpforte, durch die sie schnell wieder in das Reich der Lebenden gelangen.

Bei seiner Rückkehr wird Aeneas von seinen Gefährten freudig empfangen. Gemeinsam stechen sie wieder in See mit Kurs auf die neue Heimat, von der sie lediglich den Namen kennen: Latium.

Bereits nach wenigen Tagen werden die Essensvorräte der Trojaner knapp. Sie legen an einem unbekannten Ort an und gehen an Land. Jeder sucht an einer anderen Stelle nach Nahrung.

Als alle wieder mit etwas Essbarem zurückgekommen sind, setzen sich Aeneas und seine treuesten Gefährten in den Schatten einer großen Eiche. Als Tische benutzen sie riesige runde Fladenbrote, auf denen sie die gesammelten Früchte ausbreiten. Da die hungrigen Männer von der kläglichen

Mahlzeit nicht satt geworden sind, essen sie jeder auch einen Teil der Fladenbrote.

Der junge Ascanius ruft scherzhaft: „Wir haben keine Früchte und kein Fleisch mehr. Es bleibt uns also nichts anderes übrig, als unsere Tische zu verspeisen oder vor Hunger zu sterben!"

Als Aeneas diese Worte hört, da begreift er.

„Wir sind endlich am Ziel angekommen", erklärt er den anderen. „Die Prophezeiung der Kelaino hat sich erfüllt. Wir haben unsere Tische gegessen!"

Die Trojaner sind unendlich erleichtert. Mit ihren Gebeten danken sie den Göttern für deren gute Führung.

Am nächsten Morgen legt Aeneas mit einem Pflug die

Umrisse seiner Stadt fest. Er sendet außerdem einige seiner Gefährten aus, um die Gegend zu erkunden und dem König des Landes Geschenke zu überbringen.

An diesem Tag ist König Latinus in seinem Palast sehr besorgt. Am Vorabend war ein Wunder geschehen. Während der Opferzeremonie für Apollo tanzten Flammen über dem Kopf seiner einzigen Tochter Lavinia, und ein Lorbeerhain verwandelte sich in einen Bienenschwarm.

Seher: Person, die durch Kommunikation mit einer Gottheit die Zukunft vorhersagen kann.

Omen: ein Zeichen, das die Götter den Sterblichen schicken.

Ein sofort zu Rate gezogener **Seher** deutet die Erscheinung: „Der Bienenschwarm symbolisiert die Ankunft von bewaffneten Fremden, die sich hier niederlassen. Die Flammen sind ein **Omen** für das märchenhafte Schicksal deiner Tochter, aber auch für einen fürchterlichen Krieg. Sie wird einen Fremden heiraten, und aus ihrer Ehe werden zwei Kinder hervorgehen, die zukünftigen Herrscher der Welt."

Die Ankunft von Aeneas' Gesandten mit Geschenken als Zeichen des Friedens vertreiben die Sorgenfalten aus dem Gesicht des Königs. Die Trojaner begrüßen ihn und bitten um die Erlaubnis, eine Stadt in seinem Herrschaftsgebiet errichten zu dürfen.

Orakel: Antwort einer Gottheit auf die Frage eines Sterblichen. Am berühmtesten war das Orakel zu Delphi.

Latinus antwortet ihnen: „Geht, und sagt eurem Anführer, dass zwischen uns Frieden herrscht. Ihr seid unsere Verbündeten und unsere Freunde. Meine Tochter ist durch einen **Orakelspruch** einem Fremden versprochen. Aeneas möge dieser Mann sein. Überbringt ihm meine Nachricht."

Vom Olymp aus beobachtet Juno voller Zorn die Ankunft der Trojaner. Sie ist entschlossen, diese an der Errichtung einer Stadt auf italienischem Boden zu hindern. Mithilfe der **Furie** Allekto schürt sie den Zorn des Turnus, des Königs der **Rutuler**. Denn Lavinia war ihm versprochen worden. Turnus verbündet sich mit zahlreichen Nachbarstämmen zum Kampf gegen die Fremden. Ein langer Krieg kündigt sich an. Aeneas aber bleibt zuversichtlich: Er glaubt an die ruhmreiche Zukunft, die seiner Familie verheißen wurde.

Furie: römische Gottheit der Rache.
Rutuler: Volk in Italien, das ebenfalls in Latium lebte.

Grabmal des Tauchers

DIE BESTATTUNGSRITEN verändern sich am Ende des 8. Jh. v. Chr.: Anstatt den Leichnam auf einem Scheiterhaufen zu verbrennen werden die Verstorbenen nun häufiger in einem Grab beigesetzt. Die Anzahl der Gräber in Italien nimmt immer mehr zu.

Etruskische Urne mit beweglichen Armen an den Henkeln

Der Übergang vom Leben zum Tod

Bei einem Begräbnis erhalten die Verstorbenen zahlreiche Grabbeigaben. Die Gräber der wohlhabenden Leute sind mit Fresken verziert, auf denen historische Themen, Festmahlszenen oder Militärparaden dargestellt werden. Die Freske auf dem **Grabmal des Tauchers** zeigt einen Mann, der in den Ozean springt und damit den Übergang vom Reich der Lebenden zum Reich der Toten symbolisiert.

Die Urnen

Wird ein Verstorbener verbrannt, sammelt man die Asche in kleinen Behältern aus Ton, Bronze oder Marmor, so genannten Urnen. Diese Urnen werden in die Gräber gestellt.

„AENEAS UND DIE SIBYLLE BETRETEN NUN DAS REICH DER TOTEN. ÜBERALL SIND WEHKLAGEN ZU HÖREN."

Die Grabstätte

In den Grüften reicher Familien können sich mehrere individuell gestaltete Grabstätten befinden. Die Sarkophage auf den Gräbern zeigen den Verstorbenen, und oft verweist ein Gegenstand auf die Tätigkeiten des Toten zu dessen Lebzeiten. Auf dem unteren Teil des Sarkophags befinden sich gemalte oder in Stein gehauene Szenen.

Der Haruspex

Die Etrusker versuchen, den Willen der Götter aus den Eingeweiden, vor allem aus der Leber von Opfertieren, zu lesen. Lediglich eine kleine Gruppe von Menschen, die Haruspices, vermag die Vorzeichen der Götter zu deuten.

Etruskischer Sarkophag

Spiegelrückseite mit der Gravur eines Haruspex beim Untersuchen einer Leber

Der Gott und die Vestalin

Italien besteht nur noch aus Ruinen, denn schon seit vielen Jahren wüten schwere Kämpfe im Land. Turnus, der Schützling Junos, hat sich mit dem größten Teil der Völker und Städte der Halbinsel gegen Aeneas verbündet. Aeneas steht unter dem Schutz seiner Mutter Venus. Der Kampf der Menschen weitet sich zu einem Streit der Götter aus. Die Ruhe des **Olymp** ist gestört. Außer sich vor Wut verbietet Jupiter den Göttern, den Sterblichen Hilfe zu leisten.

Da Turnus fortan keine Unterstützung mehr durch Juno erhält, wird er in kürzester Zeit von Aeneas besiegt. Doch nicht alle Feinde der Trojaner geben sich geschlagen. Die trojanischen Truppen müssen sich noch der Schrecken verbreitenden Armee der **Tyrrhener** stellen. Der Ausgang der Schlacht ist ungewiss. Um das Schicksal zu bezwingen, setzt sich Aeneas immer größeren Gefahren aus und ermutigt seine Truppen, es ihm gleichzutun. Als der Sieg bereits errungen ist, wird der tapfere Aeneas tödlich getroffen.

Sein Sohn Ascanius tritt seine Nachfolge bei den Trojanern an und gründet nicht weit von Lavinium, der Stadt, die

Olymp: Sitz der griechischen Götter.
Tyrrhener: römische Bezeichnung für die Etrusker.

Aeneas nach seiner Frau benannte, ein neue Stadt: Alba Longa. Über mehrere Generationen hinweg herrschen Aeneas' Nachfahren in Alba, und in dieser Zeit gewinnt die kleine Stadt immer mehr an Bedeutung. Zurzeit regiert König Proca mit großer Weisheit.

Proca hat zwei Söhne: Numitor und Amulius. Der ältere von beiden, Numitor, hat die Tugenden seines Vaters geerbt. Proca möchte, dass er eines Tages sein Nachfolger wird. Der jüngere, Amulius, vergeht vor Eifersucht. Oft geraten die beiden Brüder in heftigen Streit. Eines Tages beschimpft Amulius seinen älteren Bruder vor den Augen seines Vaters: „Du bist ein Feigling, Numitor! Du verdienst es nicht, eines Tages zu regieren!"

Als Proca spürt, dass sein Ende naht, ist er müde und erschöpft vom jahrelangen Streit. Er ruft seine Söhne zu sich und verkündet seinen Entschluss: „Meine Söhne, unsere Ah-

nen mussten aus ihrer Heimat fliehen und fanden in Italien eine neue Bleibe. Hier soll nun Frieden herrschen. Es darf keine Rivalität zwischen euch geben. Gemeinsam sollt ihr unser Volk führen. Einer von euch wird regieren, doch der andere wird nicht leer ausgehen. Nach meinem Tod wirst du, Amulius, das Erbe in zwei Hälften teilen, und dein älterer Bruder wird als Erster seine Hälfte wählen."

Die Brüder stimmen dem Wunsch ihres Vaters zu.

Kurz darauf stirbt der alte König Proca. Ganz Alba trauert. Jeder beweint den König, der der Stadt den Frieden brachte. Einer seiner Söhne wird sein Nachfolger werden, aber welcher? Die Brüder kommen zusammen, und Amulius ergreift das Wort: „Unser Vater hat beschlossen, dass ich es sein soll, der unser Erbe teilt. Hör mir also zu. Einer von uns wird König der

Stadt Alba sein, und der andere erhält die Reichtümer unserer Familie. Wähle also deinen Teil, mein Bruder", sagt er mit einem leisen Lächeln.

Worauf auch immer die Wahl seines Bruders fällt, Amulius wird sich sowohl den Thron als auch die Reichtümer zu Eigen machen. Wenn Numitor König wird, ist der Reichtum und die Macht von Amulius so groß, dass er das ganze Königreich beschlagnahmen kann. Wenn er selbst den Thron besteigt, wird er dafür sorgen, dass alle Güter seines Bruders in seinen Besitz gelangen.

„Da dies dein Wille ist, mein Bruder, wähle ich das Königreich", antwortet Numitor schlicht. „Ich werde den Willen unseres Vaters respektieren."

Numitor wird also neuer König von Alba und Amulius der reichste und am meisten gefürchtete Mann der Stadt. Letzterer zögert nicht, getrieben von Ehrgeiz und Eifersucht, seinen Bruder einer Missetat zu beschuldigen, die dieser nicht begangen hat. Auf diese Weise kann er seinen Rivalen ausschalten. Da Amulius aber den Zorn der Götter fürchtet, lässt er Numitor nicht töten, sondern verbannt ihn aus der Stadt und hält ihn auf seinen Ländereien gefangen. Wachen sorgen dafür, dass Numitor nicht entkommen kann. Nun wagt es in der Stadt niemand mehr, Amulius, dem neuen König, zu widersprechen.

Doch Amulius findet immer noch keine Ruhe. Er macht sich Gedanken darüber, dass die Tochter seines Bruders, Rhea Silvia, eines Tages Kinder gebären könnte. Würden diese dann

nicht ihr Erbe einfordern? Amulius lässt Rhea Silvia zu sich kommen.

„Meine Nichte, du weißt, dass im Tempel der **Vesta** das heilige Feuer unserer Stadt brennt. Jungfrauen wachen darüber, dass dieses niemals erlischt. Das Schicksal der ganzen Stadt hängt davon ab. Eine dieser Frauen starb vor kurzem und muss nun ersetzt werden. Es gibt keine größere Ehre, als eine Priesterin der Vesta zu werden. Nach langen Überlegungen bin ich zu dem Entschluss gekommen, dich zur **Vestalin** zu ernennen.“ Rhea Silvia kann ihre Freude nicht verbergen. Sie rennt in das Zimmer ihrer Kusine Antho, der Tochter des Amulius, und überbringt ihr die gute Nachricht. In ihrer Freude erkennt Antho gleichzeitig die bittere Wahrheit: Ihre geliebte Kusine wird als Vestalin nicht mehr in ihrer Nähe sein können. Ein paar Tage später erhält Rhea Silvia die weiße Tunika der Priesterinnen und wird in den Kreis der Vestalinnen aufgenommen.

Vesta: römische Göttin des Staatsherdes und der heimischen Feuerstelle.
Vestalin: jungfräuliches Mädchen, Priesterin der Vesta, bewacht das heilige Feuer der Stadt.

Rhea Silvia hält sich in den kommenden Jahren nur noch selten im Palast auf. Antho ist darüber sehr traurig und wendet sich deshalb an Amulius: „Vater, ich möchte gerne mit Rhea Silvia zusammen sein und genau wie sie Vestalin werden.“

„Ich habe andere Pläne mit dir, meine Tochter“, antwortet Amulius. „Dich erwartet eine glanzvolle Hochzeit. Weißt du denn nicht, dass Vestalinnen sich nicht vermählen und keine Kinder haben dürfen? Wenn auch du Vestalin wirst, kannst du mir keinen Erben schenken, der mir auf den Thron folgt.“

Jetzt, jedoch leider zu spät, durchschaut Antho die List ihres Vaters.

Unterdessen erledigt Rhea Silvia mit Stolz sämtliche ihr übertragenen Aufgaben als Vestalin. Sie bewacht das heilige Feuer und nimmt an den Festen der Stadt teil. Doch eines Tages sucht sie ihre Kusine im Palast auf. In Tränen aufgelöst erzählt sie: „Meine liebste Antho, du bist wie eine Schwester für mich. Ich muss dir ein schreckliches Geheimnis anvertrauen. Es ist schon einige Zeit her, da traf ich einen jungen Krieger, als ich allein im heiligen Hain war. Sein Schild funkelte, und unter seinem reich dekorierten Helm verbarg sich

Mars: römischer Kriegsgott.

das Gesicht des Kriegsgottes. Tausendmal habe ich ihn angefleht, mich nicht mehr aufzusuchen. Doch vergeblich: **Mars** hat mich verführt. Ich bin zu dir gekommen, weil ich nicht mehr weiterweiß. Ich erwarte ein Kind von diesem schrecklichen Krieger!"

Kaum hat Rhea Silvia zu Ende gesprochen, taucht König Amulius mit düsterer Miene vor den beiden Frauen auf. Er hatte sich in der Nähe des Zimmers seiner Tochter versteckt und alles mit angehört.

„Du leichtfertige Priesterin, weißt du nicht, welche Strafe die Vestalinnen erwartet, die gegen die Vorschriften verstoßen? Sie werden bei lebendigem Leib eingemauert, um ihr Vergehen zu büßen. Wache, bringt sie ins Gefängnis!", sagt er und zeigt dabei auf die Vestalin.

Bevor der König das Zimmer verlassen kann, wirft sich ihm Antho zu Füßen: „Mein Vater, Rhea Silvia ist wie eine Schwester für mich. Wir sind zusammen aufgewachsen. Wenn sie sterben muss, werde ich ihr in den Tod folgen."

König Amulius ist außer sich vor Wut, weil sein Plan gescheitert ist. Es scheint genau das einzutreten, wovor er sich am meisten gefürchtet hat. Rhea Silvia wird einen Erben in die Welt setzen, der ihn eines Tages vielleicht vom Thron stürzen und seinen Großvater Numitor rächen wird. Das muss verhindert werden. Amulius liebt seine Tochter jedoch zu sehr, als dass er riskieren würde, sie zu verlieren.

„Nun gut, deine Kusine wird verschont. Aber ihr Kind wird mir anvertraut – sei es das Kind eines Gottes oder das eines Sterblichen."

Einige Monate später bringt Rhea Silvia ihr Kind zur Welt. Welch große Überraschung für Amulius, als ihm berichtet wird, dass Rhea Silvia nicht einen Sohn, sondern Zwillinge geboren hat: Romulus und Remus! Doch nach wie vor ist Amulius fest entschlossen, jede Bedrohung für seinen Thron zu beseitigen.

DIE HAUPTGÖTTER ROMS sind Jupiter, Juno und Minerva. Diese drei bilden die so genannte „Kapitolinische Trias" und stehen an der Spitze aller anderen Götter. Sie werden zunächst auf dem Quirinal-, später auf dem Kapitolhügel verehrt. Doch auch allen anderen Göttern wird durch bestimmte Kulthandlungen gehuldigt.

Mars

Haus der Vestalinnen im Forum Romanum

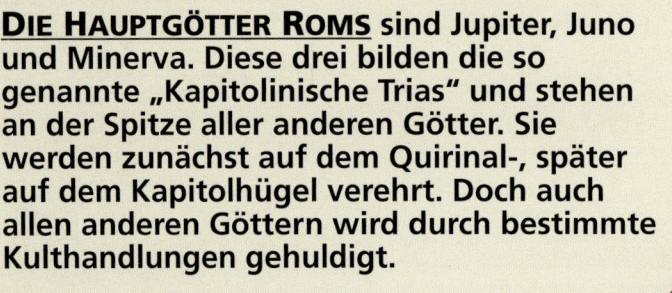

Atrium des Hauses der Vestalinnen

Mars

Als Gott des Krieges und des Kampfes ist er sehr gefürchtet. Er wird meistens mit Helm und Waffen dargestellt. Der Monat, in dem das Kriegsjahr beginnt, erhält den Namen des Kriegsgottes: März. Mit der **Vestalin** Rhea Silvia hat Mars zwei Söhne, Romulus und Remus.

Haus der Vestalinnen

Der Rundtempel der Göttin Vesta, im Süden des **Forums** gelegen, ist einer der ältesten Tempel Roms. Dort brennt das heilige Feuer, das von den jungfräulichen Priesterinnen der Vesta bewacht wird. Als Zeichen für die Unsterblichkeit der Stadt darf das Feuer niemals erlöschen.

Jupiter

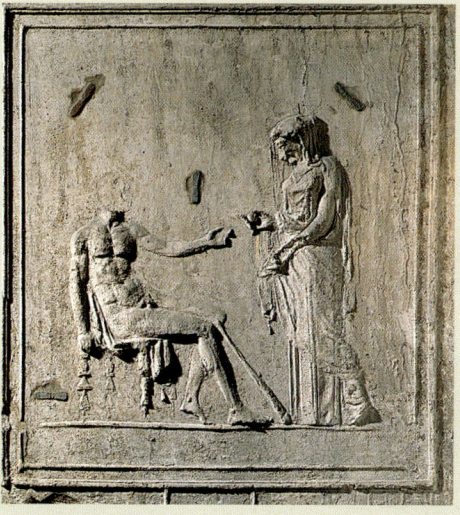

Jupiter und Juno

„Sein Schild funkelte, und unter dem reich dekorierten Helm verbarg sich das Gesicht des Kriegsgottes."

Jupiter, Juno und Minerva

Jupiter ist Herr über Blitz und Donner, der höchste römische Gott, und als solcher besonders verehrt von den römischen Königen. **Juno**, Schwester und Gattin des Jupiter, ist die Göttin der Ehe und der Frauen. **Minerva** ist die Tochter Jupiters und die Göttin der Weisheit.

Die anderen Götter

Apollo und Merkur sind zwei weitere wichtige Götter in Rom.

Merkur

Als Sohn des Jupiter und der Leto wird Apollo in Rom und Etrurien (unter dem Namen Aplu) lange Zeit wegen seiner Heilkünste verehrt. Er ist außerdem der Gott der Sonne und der Künste. **Merkur**, Sohn des Jupiter und der Maja, ist der Gott der Reisenden und der Handelsleute. Er begleitet auch die Seelen der Toten in die Unterwelt.

Die Kinder der Wölfin

Ein Diener des Amulius eilt in die Nacht hinaus. Schnellen Schrittes verlässt er den Palast und geht zum Fluss hinunter. In der einen Hand hält er eine Fackel, die ihn durch die Dunkelheit führt, in der anderen trägt er einen schweren Weidenkorb mit den schlafenden Kindern des Mars und der Vestalin Rhea Silvia.

Amulius hat ihm die schreckliche Aufgabe erteilt, die Zwillinge in den **Tiber** zu werfen. Da der Fluss jedoch über seine Ufer getreten ist und seit mehreren Tagen Hochwasser führt, kommt der Diener nirgends nah genug an ihn heran. Er beschließt, den Korb auf einer der überschwemmten Uferböschungen abzustellen. Der Fluss wird schon das Übrige tun, denkt er, und die Kinder werden bald ertrinken. Er beobachtet noch einen Augenblick, wie der Korb auf den Wellen dahinschaukelt, und kehrt dann zum Palast zurück.

Tiber: Grenzfluss zwischen Latium (Gebiet um Rom) und Etrurien.

So schwimmt der Korb einige Zeit vor sich hin, verfängt sich dann aber im Schilf. Den beiden Neugeborenen droht der sichere Tod. Aber Mars, der Kriegsgott, wacht von der Höhe des

Olymp aus über seine Söhne und schickt ihnen unerwartete Hilfe ...

Am frühen Morgen entdeckt eine Wölfin, die an den Fluss kommt, um ihren Durst zu stillen, den Korb. Sie legt sich neben die Zwillinge, die vor Hunger weinen, und säugt sie. Die Kleinen trinken gierig ihre Milch und fallen anschließend in einen tiefen Schlaf.

Mehrere Tage lang besucht die Wölfin die Neugeborenen, um sie zu säugen. Wie eine Mutter hält sie jede Gefahr von ihnen fern.

Unweit des Flusses lebt ein Hirte mit Namen Faustulus. Als er eines Tages mit seiner Herde vor Sonnenuntergang nach Hause kommt, sieht er am Flussufer einen Gegenstand im Schilf liegen. Er tritt näher und entdeckt höchst erstaunt die beiden schlafenden Säuglinge im Korb. Er nimmt den wertvollen Fund an sich und läuft nach Hause.

„Larentia! Larentia! Schau, was ich auf meinem Heimweg gefunden habe", sagt er zu seiner Frau und zeigt ihr den Weidenkorb mit den Neugeborenen, die friedlich vor sich hin brabbeln.

„Die Götter haben dich zu diesen beiden Kleinen geführt", ruft Larentia. „Sie haben sie uns anvertraut! Wir werden sie aufziehen wie unsere eigenen Söhne und darüber größtes Stillschweigen bewahren."

Romulus und Remus wachsen also bei den Hirten, fernab vom Hofe des Amulius, auf. Von frühester Kindheit an beglei-

ten sie mit ihrem Vater die Herden und verbringen die meiste Zeit in den Wäldern. Sie mögen es, dort zu jagen und ihre Kräfte mit wilden Tieren zu messen.

Eines Tages haben die Zwillinge sich bei einem ihrer Streifzüge weit vom Haus ihrer Eltern entfernt. Überraschend treffen sie auf eine Bande von Straßenräubern, die sich gerade ihre Beute teilt. Ohne ein Wort zu verlieren, vertreiben Romulus und Remus die Räuber mit Stöcken. Vor den beiden starken und mutigen Jünglingen ergreifen die Diebe schnell die Flucht.

Jedes Jahr versammeln sich die in Ziegenleder gekleideten Hirten aus Latium, um mit einem großen Fest ihren Gott **Pan** zu ehren. Bei diesem Fest werden auf friedliche Weise Wettkämpfe in verschiedenen sportlichen Disziplinen ausgetragen. Romulus und Remus freuen sich jedes Mal, hier ihre Gefährten wieder zu treffen und mit ihnen gemeinsam zu feiern.

Pan:
Gott der Hirten.

Auch in diesem Jahr machen sich die beiden auf den Weg, um an den Wettkämpfen teilzunehmen. Dabei überqueren sie die Ländereien des Numitor. Plötzlich stehen die Räuber vor ihnen, die sie verjagt und beraubt hatten! Mit ihren einfachen

Stöcken setzen sich die beiden Brüder mutig zur Wehr, doch die Räuber sind in der Überzahl.

Romulus gelingt die Flucht.

Remus wird gefangen genommen und dem König Amulius vorgeführt.

„Wir haben diesen Räuber auf dem Grund und Boden deines Bruders Numitor erwischt", sagt der Anführer der Diebe. „Er und seine Bande haben uns angegriffen. Wir konnten sie jedoch in die Flucht schlagen und diesen hier gefangen nehmen. Wir liefern ihn nun dir aus, König Amulius. Lasse Gerechtigkeit walten!"

„Wenn ihr diesen Räuber auf meinem eigenen Boden aufgegriffen hättet, wäre er jetzt schon tot", erwidert Amulius nachdenklich. „So allerdings steht es meinem Bruder Numitor zu, über ihn zu richten. Wache, bringt diesen Mann zu Numitor."

Seitdem sein Bruder ihn vom Thron gestürzt hat, lebt Numitor zurückgezogen auf seinen Ländereien. Er ist daher überrascht, als königliche Wachen seinen Wohnsitz in Begleitung eines Gefangenen betreten, der wie ein Sklave in Ketten liegt.

Remus wird ihm von den Wachen des König Amulius übergeben. Numitor wendet sich an den Jüngling mit den Worten: „Fremder, du plünderst mein Land und beraubst mich! Was hast du im Sinn?"

„Ich bin kein Straßenräuber! Die da sind Diebe, sie berauben die Hirten."

„Wer bist du? Du scheinst noch sehr jung zu sein. Wie alt bist du?"

„Ich bin der Sohn des Hirten Faustulus und seiner Frau Larentia", antwortet Remus stolz. „Ich und mein Bruder Romulus wurden im Jahr der großen Flut des Tibers geboren."

Numitor wundert sich über das Auftreten dieses jungen Mannes, der ein einfacher Hirte sein soll. Er möchte mehr über ihn erfahren.

Zur gleichen Zeit erreicht Romulus, der dem Hinterhalt entkommen konnte, das Haus des Faustulus und berichtet ihm, was passiert ist: „Die Räuber haben meinen Bruder an König Amulius ausgeliefert."

„Was? Wir sind verloren, mein Sohn!"

„Warum denn, Vater?"

„Romulus, ich muss dir ein Geheimnis anvertrauen, das wir lange Jahre gehütet haben: Larentia und ich, wir sind nicht eure wirklichen Eltern, auch wenn wir euch wie unsere eigenen Kinder aufgezogen haben."

„Was? Was sagst du da? Wir sind nicht eure Kinder?", unterbricht ihn Romulus.

„Nein, Romulus. Doch höre mich an: Ich war es, der euch eines Abends durch Führung der Götter in einem Weidenkorb am Ufer des Tibers gefunden hat. Zu dieser Zeit waren die Zwillingssöhne der Priesterin Rhea Silvia und des Gottes Mars auf geheimnisvolle Weise verschwunden, und viele glaubten, König Amulius habe seine beiden Neffen beseitigen lassen. Ihr seid diese beiden Kinder, ihr seid die Erben des Throns. Doch wenn Amulius jetzt die Wahrheit herausfindet, sind wir in Gefahr ..."

Da stürzt ein anderer Hirte ins Haus und wendet sich an Faustulus: „Dein Sohn ist in den Händen Numitors!"

„Romulus, lauf schnell, und rufe alle Hirten zusammen, die uns folgen wollen", sagt Faustulus. „Unterdessen gehe ich zu Numitor. Mögen die Götter uns beistehen!"

Faustulus nimmt den alten Weidenkorb und eilt zu Numitors Palast. Er erzählt ihm die ganze Geschichte. Der frühere König ist erschüttert über die Wahrheit. Jetzt begreift er, dass sein Gefangener niemand anderes als Remus ist, sein Enkel, nach dem er so lange gesucht hat! Numitor lässt ihn sofort frei und schließt ihn in seine Arme.

Kurz darauf erreicht auch Romulus mit den anderen Hirten den Palast. Nach so vielen Jahren sind der Großvater und seine Enkel endlich vereint!

Doch das Glück ist nur von kurzer Dauer: Die von Amulius ausgehende Gefahr ist noch nicht gebannt. Wenn er erfährt, dass die rechtmäßigen Thronerben noch leben und zurückgekehrt sind, wird seine Rache nicht lange auf sich warten lassen. Romulus ist sehr besorgt: „Was soll aus uns werden?"

„Wir müssen diesen Tyrannen stürzen!", ruft Remus. „Stürmen wir seinen Palast!"

Zahlreiche Bewohner von Alba schließen sich der kleinen Armee aus Hirten unter der Führung von Romulus und Remus an. Amulius ist ihnen als König verhasst.

Um keinen Verdacht zu erwecken, teilt sich die Truppe in der Stadt in kleinere Gruppen. Für alle heißt das Ziel: der königliche Palast. Vom Angriff überrascht haben Amulius' Wachen keine Gelegenheit, sich zu verteidigen, und innerhalb kürzester Zeit gelingt es Numitors Anhängern, den Palast unter ihre Kontrolle zu bringen.

Amulius erkennt seine Niederlage und versucht zu entkommen. Doch Remus sieht den König fliehen und nimmt die Verfolgung auf. Schließlich holt er ihn ein und tötet den ungeliebten Herrscher.

Usurpator: jemand, der gewaltsam die Staatsherrschaft an sich reißt.

Die Kämpfe sind nun zu Ende. Vor den versammelten Einwohnern der Stadt Alba berichtet Numitor unter großem Staunen seiner Zuhörer von den vielen Verbrechen des **Usurpators** Amulius.

Vor allem offenbart er ihnen, dass Amulius den Befehl gab, seine Neffen auf verbrecherische Weise verschwinden zu lassen, indem er die Neugeborenen auf dem Fluss aussetzen ließ. Er berichtet auch, dass es eine Wölfin war, die die beiden rettete, und dass die Jungen danach von einem einfachen Hirten gefunden und mit nach Hause genommen wurden. In diesem Augenblick erscheinen Romulus und Remus, die ihrem Großvater zujubeln. Die Menge stimmt in den Beifall ein und ruft Numitor zum König von Alba aus.

DAS LEBEN AUF DEM LAND

ist beschwerlich. Der größte Teil der italienischen Bevölkerung lebt von Landwirtschaft und Viehzucht. Diese Landwirte und Hirten sind die ersten Bewohner Roms.

Darstellung der Feldarbeit, etruskische Bronze-Skulptur

Italienische Landschaft

Die Kapitolinische Wölfin, etruskische Bronze-Skulptur. Die Zwillinge wurden im 15. Jahrhundert ergänzt.

Der Gebrauch des Pflugs

Das Ackerland befindet sich meistens in Küstennähe. Es werden viele Geräte benötigt, um die Felder zu bestellen. Mit einem **von Ochsen gezogenen Pflug** wird der Boden bearbeitet. Zum Mähen benutzen die Bauern eine Sichel.

„VON FRÜHESTER KINDHEIT AN BEGLEITEN SIE MIT IHREM VATER DIE HERDEN UND VERBRINGEN DIE MEISTE ZEIT IN DEN WÄLDERN.“

Italienische Landschaft

Mit den Alpen im Norden, einer Gebirgskette inmitten des Landes und wenig Flachland ist Italien ein Land mit ungleichmäßig verteilten landwirtschaftlichen Nutzungsmöglichkeiten. Deshalb wird verstärkt Viehzucht betrieben.

Die Viehzucht

Für die Viehzucht eignen sich Rinder (für Milch, Leder und für die Feldarbeit), Pferde, Esel und Maultiere (für den Transport) sowie Schafe (für Wolle und Milch). Lediglich Schweine werden für den Verzehr gezüchtet. Die **Hirten** der Tierherden verehren den Gott Pan.

Der Weinanbau

Die Landwirtschaft ist nicht sehr vielfältig. Sie dient dem Lebensunterhalt und besteht hauptsächlich aus Weizenanbau, Olivenölgewinnung und Weinanbau. Wein veredelt jedes Festmahl und wird sogar den Göttern dargeboten (Trankopfer).

Die wilden Tiere

In Italien sind viele wilde Tiere beheimatet. Als Retterin der Zwillinge **Romulus und Remus** vor dem sicheren Tod wird die **Wölfin** zum Wahrzeichen der Stadt Rom.

Romulus gründet Rom

Die Sonne geht langsam über der Stadt Alba auf. Romulus fährt erschrocken aus dem Schlaf hoch, als er laute Stimmen hört. Er schaut nach draußen und sieht, dass ein Händler in Begleitung von ein paar Freunden gerade einen seiner Gefährten, einen Hirten, beschimpft: „Ich habe gesehen, dass du gestern bei mir Käse gestohlen hast, gib ihn mir wieder!"

„Das ist nicht wahr", antwortet der Hirte wütend. „Ich habe dir gar nichts gestohlen!"

Schon hat sich eine Menschentraube um die Streitenden gebildet. Der Hirte fühlt sich bedroht.

Nach dem erfolgreichen Sturz von Amulius waren unter der Herrschaft des guten Königs Numitor wieder Ruhe und Wohlstand in der Stadt Alba eingekehrt. Doch Vorfälle wie diese sind keine Seltenheit. Dabei sind es immer wieder dieselben, die in Streit geraten: auf der einen Seite die Bewohner von Alba und auf der anderen die Neuankömmlinge mit den etwas raueren Sitten, Freunde der Zwillinge aus Kindertagen. Romulus ist besorgt: Das kann so nicht weitergehen. Die ständigen Streitereien müssen ein Ende haben. Er beschließt, seinen Bruder aufzusuchen: „Alba ist zu klein für uns: Die Hirten werden hier kaum akzeptiert, und die Situation verschlimmert sich von Tag zu Tag. Lass uns die Stadt unserer Väter verlassen und eine neue Stadt nicht weit von hier gründen!"

Remus stimmt seinem Bruder zu. Es gelingt ihnen, ihre Gefährten davon zu überzeugen, mit ihnen zu gehen.

Etrurien: Gegend in Mittelitalien. Am Tiber, an der Grenze zwischen Latium und **Etrurien**, liegt ein kleines Stück flaches, sumpfiges Land, das von sieben Hügeln umgeben ist. An dieser Stelle wurden Romulus und Remus von der Wölfin gesäugt und von Faustulus gefunden. An eben dieser Stelle, so der Entschluss der Zwillinge, wollen sie ihre Stadt erbauen. Sie erkunden zunächst die Gegend: Romulus misst mit großen Schritten die Ebene ab, Remus dagegen begibt sich auf einen der Hügel.

Als die beiden Brüder wieder zusammenkommen, geraten sie das erste Mal in Streit.

„Wir müssen unsere Stadt auf diesem flachen Land bauen!", ruft Romulus. „Gewiss, der Boden ist sumpfig, doch wir werden ihn **entwässern**. Danach können wir eine Stadt nach einem gleichmäßigem Plan gemäß den Gesetzen der Logik bauen."

Entwässerung: Trockenlegen eines feuchten Gebiets.
Aventin: einer der sieben Hügel Roms.

„Der Ort, den du gewählt hast, ist keinesfalls der richtige. Wenn der Tiber über seine Ufer tritt, wird deine Stadt einfach weggespült werden! Und außerdem, wie glaubst du, sie verteidigen zu können? Wir müssen unsere Stadt auf einer Anhöhe bauen", sagt Remus und zeigt dabei auf den Hügel **Aventin**. „Sie wird dort gegen mögliche Angriffe besser geschützt sein."

„Dein Standort ist genauso richtig wie meiner", antwortet ihm Romulus. „Lassen wir die Götter entscheiden. Geh du auf den Hügel, und ich bleibe hier. Jupiter wird den geeigneten Ort wählen und uns ein Zeichen schicken. Derjenige, der die Zustimmung des Göttervaters erhält, soll auch König der neuen Stadt sein."

„Nun, so soll es sein, mein Bruder. Da bei uns nicht das Alter entscheidet, wer von uns beiden bestimmen darf, soll Jupiter die Entscheidung fällen!"

Jeder der beiden begibt sich an den vereinbarten Ort und hält den Blick auf den Himmel gerichtet. Romulus und Remus warten lange auf ein Zeichen des Gottes der Stürme und Gewitter. So vergehen viele Stunden. Als beide schon fast die Hoffnung aufgegeben haben, erblickt Remus als Erster sechs Geier. Er ist außer sich vor Freude. Die Vögel wurden ihm von Jupiter geschickt, um ihm zu zeigen, dass sein Ort die richtige Wahl ist! Zusammen mit einigen Gefährten eilt er den Aventin hinunter. Alle, insbesondere sein Bruder, sagt er sich, müssen jetzt einsehen, dass Jupiter ihm Recht gegeben hat und dass er der neue König sein wird.

Als sie unten im Tal ankommen, erheben sich Romulus und seine Anhänger. Sie zeigen mit dem Finger auf zwölf Geier, die über dem Sumpfland kreisen, und verkünden lautstark ihre Freude.

„Hast du nicht gesehen, dass Jupiter als Erstes mir ein Zeichen der Zustimmung geschickt hat? Wir werden unsere Stadt an der Stelle errichten, die ich vorgeschlagen habe!"

„Jupiter mag dir sechs Geier geschickt haben, doch mir hat er zwölf geschickt. Also habe ich das Recht zu entscheiden, an welcher Stelle unsere neue Siedlung gebaut werden soll."

Nach diesen Worten kehrt Romulus seinem Bruder den Rücken, und ohne sich weiter um ihn zu kümmern, macht er sich daran, die Grenzlinien seiner neuen Stadt zu ziehen. Remus ist wütend und schüttet deshalb jede Furche, die Romulus gezogen hat, wieder mit Erde zu. Mit drohender Stimme ruft Romulus: „Ich werde jeden töten, der diese Linie, die Grenze meiner Stadt, überschreitet. Und du, Remus, bist dabei keine Ausnahme!"

Auf der Stelle zieht Remus ein Messer aus seiner Tasche und überspringt die verbotene Grenzlinie. Im Gegenzug greift auch Romulus zur Waffe, und es kommt zu einem heftigen Kampf zwischen den Zwillingsbrüdern. Auch Anhänger von Romulus und Remus greifen in die Auseinandersetzung ein und stürzen sich aufeinander. Plötzlich bricht Remus an der von Romulus gezogenen Furche zusammen.

Er liegt leblos am Boden. Romulus erkennt, dass er im Zorn seinen eigenen Bruder getötet hat. Halb wahnsinnig vor Schmerz bricht er in Tränen aus. Noch am gleichen Tag ordnet er ein prachtvolles Begräbnis an. In einem feierlichen Trauerzug wird Remus' Leichnam auf den Hügel hinaufgetragen, auf dem er seine Stadt gründen wollte. Romulus hat beschlossen, dass sein Bruder an dieser Stelle beigesetzt werden soll.

Um nicht vollkommen von seiner Trauer überwältigt zu werden, widmet sich Romulus nun intensiv dem Bau seiner Stadt. Aus dem benachbarten Etrurien lässt er Priester kommen, die ihm erklären, welche Gesetze beim Bau einer Stadt zu beachten sind und wie dabei der Unmut der Götter vermieden wird. Romulus lässt einen Graben rings um die Siedlung ausheben, damit jeder seiner Gefährten eine Hand voll seiner Heimaterde dort hineinlegt. Von nun an sind alle diese Menschen unterschiedlichster Herkunft und unterschiedlicher Stämme in einem einzigen Volk vereint. Sie sind die Bewohner der von Romulus gegründeten Stadt geworden.

Doch wie soll die Stadt heißen? Romulus verzichtet darauf, durch die Wahl des Namens einem bestimmten Gott zu huldigen. Stattdessen beschließt er, die Stadt nach seinem eigenen Namen zu benennen: Rom. Denn ist nicht er der Gründer dieser neuen Stadt? Folglich kann er die Grenzlinien des Schutzwalls festlegen, ohne dass es jemand wagen würde, ihn davon abzuhalten. Er leistet harte Arbeit mit dem Pflug, der von einer Kuh und einem Ochsen gezogen wird und dessen bronzene Schar regelmäßige Furchen entstehen lässt. Als Romulus mit seiner Arbeit fertig ist, ruft er seine Gefährten zusammen und sagt zu ihnen: „Das **Pomerium** ist ein heiliger Ort. Jeder Mensch, der mit der Waffe in der Hand diese Grenzlinie überschreitet, wird in Zukunft mit dem Tode bestraft."

Pomerium: heiliges Gebiet innerhalb Roms. Innerhalb dieses Grenzbereichs war es verboten, Tote zu begraben oder Waffen zu tragen.

Anschließend machen sich die Gefährten an die Arbeit. In der Gluthitze des Sommers suchen sie in den benachbarten Wäldern nach geeignetem Holz für ihre Arbeit. Zuerst wird der Schutzwall hochgezogen, danach werden die Hütten gebaut. Innerhalb weniger Wochen ist die neue Stadt Rom zu einer stattlichen Siedlung herangewachsen.

Ritual einer Stadtgründung

DIE GRÜNDUNG ROMS durch Romulus wird der Überlieferung zufolge auf 753 v. Chr. datiert. Es gibt keinerlei archäologische Spuren aus dem Rom der Anfangszeit. Vor dem Auftreten etruskischer Könige war Rom ein kleines Dorf.

Stadtmauer des Servius Tullius

Die Stadtmauer des Servius Tullius
Die von dem etruskischen König Servius Tullius im 6. Jh. v. Chr. errichtete Stadtmauer ersetzt den von Romulus erbauten hölzernen Schutzwall und umschließt ein erheblich größeres Stadtgebiet. Unter der Herrschaft der etruskischen Könige wird Rom schließlich eine bedeutende Stadt.

Die Grenzlinien einer Stadt
Nach etruskischer Tradition vollziehen die Römer **Reinigungsrituale** bei der Gründung einer Stadt. Mit einem von zwei Tieren gezogenen Pflug werden die Grenzlinien der Stadtmauer festgelegt.

Die Hütten-Urnen
Diese Opfergaben in Form kleiner Holzhäuser stellen die Wohnhäuser der ersten Römer dar.

Hütten-Urne

„INNERHALB WENIGER WOCHEN IST DIE NEUE STADT ROM ZU EINER STATTLICHEN SIEDLUNG HERANGEWACHSEN."

Stadtplan von Rom

Zur Stadt Rom gehören sieben Hügel, daher die Bezeichnung „Rom, Stadt der sieben Hügel". Der Jupiter-Tempel auf dem Kapitol ist das religiöse Zentrum der Stadt, das politische befindet sich auf dem Forum.

Die *Cloaca Maxima*

Die etruskischen Könige bauen ein Abwasser- und Kanalisationssystem zur Reinigung der Stadt ein. Die **Cloaca Maxima** erstreckt sich vom Tiber bis zum Forum.

Das Rom des Romulus (8. Jh. v. Chr.)

Ausweitung der etruskischen Stadt (Ende 8. Jh. v. Chr.)

Stadtmauer des Servius Tullius (Ende 7. Jh. v. Chr.)

Viminal-Hügel

Quirinal-Hügel

Jupiter-Tempel

Kapitol-Hügel

Forum Romanum

Esquilin-Hügel

Cloaca Maxima (Abwasserkanal)

Palatin-Hügel

Caelius-Hügel

Aventin-Hügel

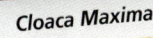
Cloaca Maxima

Der Raub der Sabinerinnen

Die **Sabiner** sind ein stolzes und kriegerisches Volk in Latium. Sie fürchten niemanden, und ihre Siedlungen sind von keinem Befestigungwall umgeben: Ihr Schutz sind ihre Krieger. Misstrauisch verfolgen die Sabiner den Bau der neuen Siedlung durch Romulus. Zwar empfangen sie die römischen Gesandten ohne Feindseligkeit, und einzelne Nachbarschaftskontakte wurden schon geknüpft, doch eine Vereinigung mit diesem Volk von Plünderern lehnen die Sabiner ab.

Sabiner: altitalienisches Volk in Mittelitalien.

In Rom will Romulus wissen, welches Schicksal die allmächtigen Götter auf den Höhen des Olymp seinem Werk zugedacht haben. Er befragt einen Priester.

„Deine Stadt wird das Zentrum der Welt werden. Nichts und niemand wird sich ihr entgegenstellen können, wenn sie eines Tages groß und mächtig ist", antwortet ihm der Diener der Götter. „Doch gib Acht: Deine Stadt ist noch sehr jung, und es besteht die Gefahr, dass sie für immer vom Erdboden verschwindet, wenn es keine Nachkommenschaft gibt!"

Nachdem Romulus die Götter gehört hat, ruft er seine engsten Vertrauten zusammen.

„Rom hat sich in kürzester Zeit zu einer mächtigen Stadt entwickelt. Wir fürchten niemanden, doch ohne Frauen könnte unsere Macht schon in der nächsten Generation verloren gehen. Kein Volk ist bereit, sich mit uns zu verbünden. Ich habe in alle Gebiete Gesandte geschickt, doch keiner ist unserem Aufruf gefolgt. Wenn all diese Völker ihr Blut nicht freiwillig mit dem unsrigen vermischen wollen, so werden wir sie eben dazu zwingen. Die Götter sind mit uns. Sie werden es nicht einfach hinnehmen, dass Rom mit uns untergeht!"

Wenig später schickt Romulus **Herolde** in alle sabinischen Siedlungen. Er lädt die Bewohner ein,

Herold: Überbringer einer Botschaft.

an Spielen zu Ehren des **Consus** teilzunehmen. Zu diesem Anlass soll die während des ganzen Jahres eingegrabene Götterstatue des Consus ans Tageslicht geholt werden. Kampfspiele sind ein seltenes Ver-

gnügen, und Romulus ist sich sicher, dass er damit die Neugier seiner Nachbarn wecken wird. Von allen Siedlungen der Umgebung strömen die Sabiner herbei, denn keiner will sich die Feierlichkeiten entgehen lassen. Bei der Ankunft in Rom macht sich großes Staunen breit: Die Sabiner hatten erwartet, ein Dorf zu erblicken, doch nun erhebt sich vor ihnen eine Stadt mit hölzernem Schutzwall!

Die Sabiner sind als Zuschauer und Teilnehmer eingeladen. Zu Ehren des Consus veranstalten die Römer ein Wettrennen um einen außerhalb der Stadt gelegenen Tempel. Das Spiel beginnt. Die Wettkämpfer halten sich auf Pferden, Eseln oder Maultieren bereit. König Romulus gibt das Startzeichen. Die ganze Aufmerksamkeit der Sabiner gilt nun dem Rennen, denn einer von ihnen liegt vorn.

„Wir sind die besten Reiter Italiens!", ruft ein Sabiner stolz und klopft dabei einem neben ihm stehenden Römer leicht auf die Schulter.

Dieser, anstatt das Wettrennen zu verfolgen, schaut wie gebannt zu seinem König hinüber, dem Organisator des Rennens. Er wartet auf das entscheidende Signal von Romulus. Endlich ist es so weit: In der zweiten Runde erhebt sich Romulus. Er legt mit einer übertrieben großen Geste seinen **purpurnen** Mantel ab, um ihn anschließend sofort wieder anzuziehen. Auf dieses verabredete Zeichen hin eilt ein Teil der Römer zu einer Gruppe junger Sabinerinnen, die ein wenig abseits stehen und von dort die Spiele verfolgen. Noch bevor die Sabinerinnen die Lage erfassen können, ergreifen die römischen Krieger die laut aufschreienden jungen Frauen. Die alarmierten Väter und Brüder der Sabinerinnen versuchen, die Entführer aufzuhalten. Doch schon sind weitere Römer zur Stelle, die Waffen ziehen, die sie bis dahin unter ihren Mänteln versteckt gehalten hatten. So werden die Väter und Brüder daran gehindert, den Sabinerinnen zu Hilfe zu eilen.

Inmitten des Geschreis beschimpft eine der Frauen König Romulus. Er erwidert ihr: „Das alles ist die Schuld eurer Väter, Sabinerin. Sie haben uns verweigert, wozu alle Männer das Recht haben. Jede von euch wird einen Römer heiraten. Diese Verbindung wird unwiderruflich sein, und ihr werdet Römerinnen werden. Mit der Zeit wird Ruhe in euer Herz einkehren, und ihr werdet in eurer Ehe glücklich sein."

In den sabinischen Städten tragen die Menschen für lange Zeit Trauer. Auf das Wehklagen folgen Tränen. Schließlich wenden sich die Väter der geraubten Sabinerinnen an den König aller Sabiner, den mächtigen Titus Tatius.

„Diese Römer sind Verbrecher", schreit einer der Väter. „Sie haben uns nur eingeladen, um unsere Töchter zu rauben – unter Missachtung sämtlicher Regeln der Gastfreundschaft. Sie haben das Fest zu Ehren des Gottes Consus mit ihrer Hinterhältigkeit beschmutzt. Eine solche Beleidigung darf nicht unbestraft bleiben!"

Titus Tatius hört ihnen aufmerksam zu und verspricht einen Krieg gegen die Römer, falls die Sabinerinnen auch in den kommenden Wochen nicht nach Hause zurückkehren. Er schickt eine Gesandtschaft nach Rom.

Doch die Eltern der entführten Mädchen werden ungeduldig. Sie beschließen, eine Truppe loszuschicken, die ihre Töchter aus den Händen der Römer befreien soll. Die Sabiner überfallen und verwüsten das Gebiet der Römer, doch Romulus genügt ein kurzer Kampf, um die Eindringlinge zurückzudrängen.

Zur gleichen Zeit kehrt die Gesandtschaft des Königs wieder zurück und überbringt die Ablehnung der Römer als einzige Antwort. König Titus Tatius entscheidet daraufhin, die Sabinerinnen mithilfe einer List zu befreien, da die Römer offenbar mit roher Gewalt nicht zu besiegen sind.

Tarpeia ist eine der Vestalinnen, die das heilige Feuer der Stadt behütet, damit es niemals erlischt. Sie ist die Tochter des Kommandanten der römischen **Zitadelle** hoch oben über der Stadt. Titus Tatius kennt ihre Habgier. Bei einem Treffen außerhalb der Stadt in der Nähe des heiligen Hains überredet er Tarpeia daher mit Leichtigkeit, ihre Heimat gegen Gold zu verraten.

Zitadelle:
Befestigungsanlage am Rande größerer Festungen.

„Ich helfe dir", sagt sie zum König der Sabiner. „Ich werde deinen Männern einen schlecht bewachten Weg zeigen. Doch welche Belohnung bekomme ich dafür?"

„Du wirst das bekommen, was du verlangst", antwortet ihr Titus Tatius.

„Jeder deiner Männer, der Rom betritt, soll mir das geben, was er am linken Arm trägt", sagt sie.

Tarpeia weiß nämlich, dass die Sabiner für gewöhnlich ein schweres Goldarmband sowie mit Edelsteinen besetzte Schmuckreifen am linken Arm tragen.

Als es Abend wird, zeigt die Vestalin den Soldaten den Weg in die Stadt. Nachdem alle die römische Grenze passiert haben, fordert Tarpeia ihre Belohnung ein. Titus Tatius verachtet Verräter, doch er will sein Versprechen einhalten. Er schleudert ihr das so begehrte Armband ins Gesicht, wirft aber gleichzeitig seinen schweren Schild auf sie, den er in seiner linken Hand hält. Alle anderen Sabiner machen es ihm nach. So wird Tarpeia unter den Schilden begraben. Ihr einziger Lohn ist der Tod.

Durch den Verrat der Vestalin gelingt es den Sabinern, die Festung der Römer unter ihre Kontrolle zu bringen. Als Tarpeia am nächsten Morgen tot aufgefunden wird, erkennen die Römer, was geschehen ist. Alle Männer versammeln sich zum Kampf am Fuße der Festung. Sie zögern zunächst noch, den Hügel zurückzuerobern, da sie die Sabiner in der weitaus besseren Position wissen. Doch schließlich stürmen die Römer los, werden aber schnell von den Sabinern in die Flucht geschlagen. Romulus versucht, die Fliehenden zurückzuhalten, aber Entsetzen hat von den Männern Besitz ergriffen. Voller Verzweiflung fleht der König Roms zu Jupiter: „Vater aller Götter, ich gelobe, dir an dieser Stelle einen Tempel zu errichten. Doch ich beschwöre dich: Gib den Römern wieder Mut und Kraft."

Bei diesen Worten blitzt und donnert es. Die flüchtenden Soldaten bleiben stehen. Jupiter hat Romulus' Flehen erhört und den Römern neuen Kampfgeist eingehaucht.

Unterhalb der Zitadelle stehen sich jetzt Sabiner und Römer in einem erbitterten Kampf gegenüber, und es ist nicht absehbar, wer von beiden den Sieg davontragen wird. Beide Seiten drohen schwere Verluste. Die Sabinerinnen sind hin und her gerissen, denn mit der Zeit haben sie auch ihre römischen Ehemänner lieb gewonnen. Der Gedanke, ihre Väter und ihre Ehemännern zu verlieren, ist ihnen unerträglich. Sie stürmen auf das Schlachtfeld und werfen sich vor die Füße der

Kämpfenden. Alle sind tief bewegt von dieser Szene und halten inne. Titus Tatius und Romulus gehen aufeinander zu und schließen Frieden.

Die beiden Völker sind von nun an eng miteinander verbunden. Die einst entführten Sabinerinnen sind überglücklich, ihre Familien nach einer so langen Trennung wiederzusehen. Sie wollen nicht zwischen zwei Völkern wählen müssen, denn sie fühlen sich als Sabinerinnen und als Römerinnen. Alle beschließen die Verschmelzung beider Völker zu einem einzigen Staat. Titus Tatius und Romulus werden beide Könige dieses neuen Staates, den sie gemeinsam regieren.

FESTE UND VERGNÜGUNGEN

wie Gesang, Spiel und Tanz sind beliebte Abwechslungen im Alltag der ersten Römer. Meist dienen sie der Verehrung der Götter. Wohlhabende Bürger treffen sich bei einem Festmahl, das von vielfältigen Darbietungen unterbrochen wird. Die große Masse hingegen drängt zu Wettkämpfen. Die wichtigste aller Zerstreuungen aber ist die Musik, die bei keiner Veranstaltung in der Stadt fehlen darf.

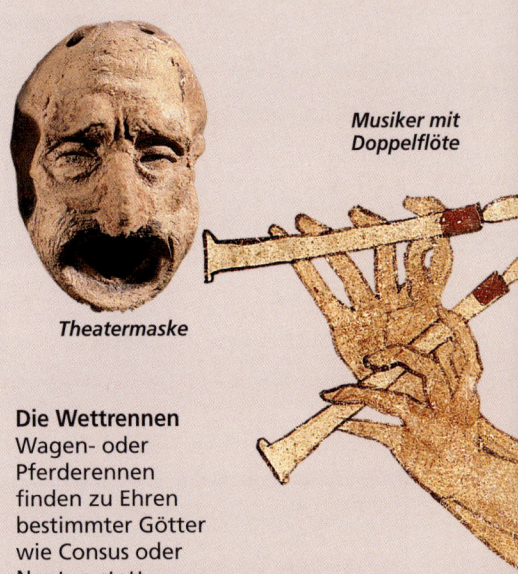

Musiker mit Doppelflöte

Theatermaske

Die Wettrennen
Wagen- oder Pferderennen finden zu Ehren bestimmter Götter wie Consus oder Neptun statt.

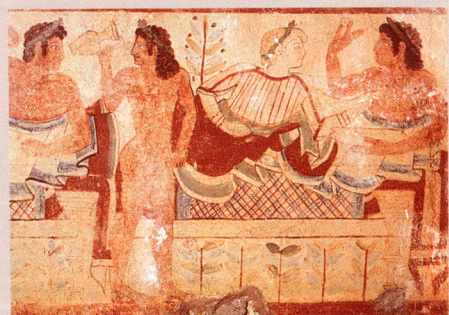

Das Festmahl
Ein prunkvolles Festmahl als Zeichen hoch entwickelter Lebenskunst ist für Etrusker von größter Bedeutung. Dort treffen sich die reichsten Bürger. Im Gegensatz zu griechischen Frauen dürfen die etruskischen Frauen daran teilnehmen, was auf ihre wichtige Stellung in der Gesellschaft hinweist.

„DAS SPIEL BEGINNT. DIE WETT-
KÄMPFER HALTEN SICH AUF PFERDEN,
ESELN ODER MAULTIEREN BEREIT.
KÖNIG ROMULUS GIBT DAS
STARTZEICHEN."

Die Musik

Musik ist in der etruskischen Gesellschaft allgegenwärtig und begleitet sämtliche Vorgänge des Lebens. Bei zahlreichen Aktivitäten wie Jagen oder auch im Krieg werden die Klänge von Blasinstrumenten, ähnlich der Oboe, eingesetzt. Die Etrusker spielen darüber hinaus Doppelflöte und musizieren auf einer Leier mit sieben Saiten. Getanzt wird zu der Musik von Zupfinstrumenten, die einer Zither ähneln.

Das Theater

Es gibt zunächst nur das Tanz- und Pantomimentheater. Später kommen Gesang und Vorträge in Dialogform als klassische Elemente hinzu. Theatervorstellungen finden bei Festen oder religiösen Anlässen (Hochzeit, Beerdigung) statt.

Der Ringkampf

Ring- und Boxkämpfe sind sehr beliebt. Unter den Augen eines Schiedsrichters versuchen die Ringkämpfer, sich gegenseitig zu Boden zu bringen. Sieger ist, wem dies dreimal gelingt.

Numa, der weise König

Die kleine Stadt Rom ist in Aufruhr: Romulus, ihr König, ist verschwunden!

Zusammen mit anderen Römern hatte er sich an den Ort jenseits des Schutzwalls begeben, den die Alten „das Land der Ziege" nennen. Während sie gerade eine Opferzeremonie für die Götter vorbereiteten, verdeckte plötzlich eine riesige schwarze Wolke den blauen Himmel. Die Männer wurden in absolute Finsternis gehüllt. Im gleichen Augenblick kündigte Donnergrollen einen heftigen Sturm an und schwere Regentropfen stürzten herab. Die Römer liefen auf der Suche nach einem sicheren Unterschlupf auseinander. Seit diesem Gewitter ist Romulus nicht mehr gesehen worden, und niemand weiß, was mit ihm geschehen ist.

Einige Tage sind seit diesem Vorfall vergangen, und alle Römer sind sehr beunruhigt. Auf dem großen Platz in der Stadt diskutieren die Menschen lebhaft. Einige glauben, dass Romulus ermordet wurde, andere behaupten, er sei entführt worden.

Plötzlich kommt ein Mann, völlig außer Atem, herbeigeeilt. Es ist Proculus, einer der treuesten Gefährten von Romulus. Er richtet folgende Worte an die Menschenmenge, die sich rasch um ihn schart.

„Lasst mich erzählen, was ich erlebt habe! Als das Gewitter losbrach, hielt ich mich in der Nähe unseres Königs auf. Wie ihr alle ergriff auch ich die Flucht und wurde dann Zeuge eines Wunders. Ich habe mit eigenen Augen gesehen, wie Romulus in den Himmel aufstieg! Seine Rüstung erstrahlte dabei in hellem Glanz. Geblendet von diesem göttlichen Licht verlor ich das Bewusstsein. Hört mir gut zu, und freut euch: Unser König hat uns verlassen, um seinen Platz bei den Göttern einzunehmen. Wir werden ihn jetzt nicht mehr als Menschen, sondern als Unsterblichen verehren!"

Diese Nachricht beruhigt die Römer. Aber es bleibt eine Frage: Rom hat keinen König mehr, wer wird den tapferen Romulus ersetzen können?

„Wir müssen einen neuen König wählen!", ruft einer der Bürger.

Die Volksversammlung stimmt dieser Idee zu, doch die Einwohner Roms sind gespalten. Die alten Gefährten des Königs möchten, dass Proculus der Nachfolger von Romulus wird, die in Rom lebenden Sabiner bevorzugen jedoch einen Vertreter ihres Stammes mit Namen Velesus.

Die beiden Männer setzen sich zusammen.

„Proculus, mein Freund", sagt Velesus, „seit dem Tod unseres Herrschers Titus Tatius waren wir Sabiner immer treu unserem König Romulus ergeben. Niemals haben wir den Frieden Roms gestört oder gar eine **Revolte**

Revolte:
Aufstand gegen eine Regierung.

geplant gegen denjenigen, den wir als unseren König aner-
kannten. Daher fordern wir jetzt, dass der neue Herrscher aus
unseren Reihen stammen soll. Er wird die endgültige Vereinigung unserer Völker besiegeln."

Proculus hört ihm aufmerksam zu und unterbreitet ihm
anschließend folgendes Angebot: „Der neue König soll aus
dem Volk der Sabiner stammen, doch die Römer selbst sollen
ihn wählen!"

Velesus ist einverstanden, und alle anderen schließen sich
dem Vorschlag ebenfalls an. Wider Erwarten bestimmen die
Römer sehr schnell ihren neuen König: den Sabiner Numa
Pompilius.

Numa wird einstimmig gewählt, obgleich er noch niemals in
Rom war! Auch wenn das römische Volk ihn nie kennen ge-
lernt hat, sind seine Weisheit und seine Frömmigkeit doch im
ganzen Land bekannt.
Der König der Sabiner, Titus Tatius, gab ihm einst seine
Tochter Tatia zur Frau. Mit ihr zusammen wählte Numa ein
Leben fern vom Königshof und dessen Intrigen. Er und Tatia
gaben dem einfachen Leben in der Stadt Cures den Vorzug vor
Ehrungen und Luxus.

Numa und seine Frau lebten mehr als dreizehn Jahre glücklich miteinander, als das Unglück plötzlich über sie herein-
brach: Tatia stirbt unerwartet und hinterlässt einen untröst-
lichen Ehemann. Numas Trauer ist so groß, dass er beschließt,
die Gesellschaft der Menschen zu meiden und sich aus ihrer
Welt zurückzuziehen. Seit dieser Zeit ist es ihm zur Gewohn-

heit geworden, lange Spaziergänge allein in der Natur zu unternehmen.

Auf einem seiner Waldspaziergänge erblickt er eines Tages eine **Nymphe** inmitten einer Lichtung. Unerschrocken spricht sie ihn an: „Wer bist du, edler Fremder? Du siehst einsam und unglücklich aus ..."

„Ich bin Numa, Sohn des Pompilius und Schwiegersohn des Tatius, doch leider ist mir das Leben zur Last geworden, seit ich verloren habe, was ich am meisten liebte."

„Die Zeit ist ein Fluss des Vergessens, auch du wirst in seinem Wasser baden ...", antwortet die Nymphe ihm.

In den folgenden Tagen besucht Numa immer wieder die schöne Nymphe, die langsam Zuneigung für den Mann mit den so zärtlichen und traurigen Augen empfindet. In ihrer Gesellschaft gewinnt Numa wieder neue Lebensfreude.

Es ist nun schon etliche Jahre her, dass Numa die Nymphe das erste Mal getroffen hat. In seinem Gesicht steht mittlerweile ein weißer Bart, und in seinem Inneren ist Frieden eingekehrt.

An diesem Abend hat er seinen Vater und seinen Vetter Martius zum Essen eingeladen. Da sie bereits angekommen sind, wundert sich Numa sehr, als es erneut an seiner Tür klopft. Noch größer ist sein Erstaunen, als er zwei Männer vor seiner Tür stehen sieht.

Es sind Velesus und Proculus, die Gesandten der Römer. Ohne Zeit zu verlieren überbringen sie ihm ihre Botschaft: „Romulus, unser König, hat uns verlassen, um sich den Göt-

tern des Olymp anzuschließen. Die Römer haben dich zu seinem Nachfolger gewählt!"

Nachdem er aufmerksam den beiden Gesandten zugehört hat, gibt er ihnen zur Antwort: „Jede große Veränderung im Leben eines Menschen bringt Unruhe und Gefahren. Ich habe es stets vorgezogen, ein Leben in **Meditation** und abseits allen weltlichen Geschehens zu führen. Als euer König stünde ich aber im Zentrum dieses Geschehens. Wie ihr wisst, ist es mein einziger Wunsch, die Götter zu ehren und ihnen zu dienen. So frage ich euch: Braucht Rom, diese kriegerische Stadt, wirklich einen König, der

Meditation:
geistiger Zustand der Konzentration, der tiefen Besinnung und des Gebets.

dem Krieg den Rücken kehrt? Der sein Leben in Frieden beschließen will? Ihr seht, aus diesen Gründen kann ich die mir angetragene Ehre nicht annehmen."

Seine ehrliche und bescheidene Antwort überzeugt die beiden Gesandten erst recht davon, dass Numa der für sie beste König wäre. Sie lassen nichts unversucht, um Numa zur Annahme ihres Angebots zu bewegen.

Als sie schließlich gehen wollen, ergreift Martius das Wort: „Du kannst den Thron nicht ablehnen, Numa. Als König wirst du die Herzen der Römer besänftigen und ihre Kriegslust in Frömmigkeit verwandeln können."

Numa zögert einen Augenblick. Dann hat ihn dieses Argument überzeugt. Er beschließt, sein zurückgezogenes Leben aufzugeben und seine Stadt Cures zu verlassen, um der zweite König von Rom zu werden.

Numa bringt Rom den Frieden! Während seiner Herrschaft bleibt der in Kriegszeiten geöffnete **Janus-Tempel** geschlossen. So gelingt es dem neuen König, nach jahrelangen Konflikten, die einst so kriegerischen Römer in fromme Bürger zu verwandeln. Der Alltag in Rom ist fortan von Zeremonien und Opferhandlungen zu Ehren der Götter geprägt.

Janus-Tempel: Er war nur in Friedenszeiten geschlossen.

Doch eines Tages legt sich großes Unheil über die Stadt. In ganz Italien werden die Bewohner von einer schrecklichen Seuche dahingerafft. Die Bevölkerung lebt in Angst und Schrecken. Die Römer bringen den Göttern doppelt so viele

Opfer – doch vergeblich: Die Götter schweigen. Tag für Tag wird die Verzweiflung bei den Bewohnern der Stadt größer.

Numa fasst daher den Entschluss, seine treue Freundin, die Nymphe Egeria, im Wald zu befragen: „Im Namen meines Volkes bitte ich dich, bei den Göttern zu **intervenieren**, damit sie sich gegenüber der Stadt Rom milde zeigen. Verneigen sich die Römer nicht gerade jetzt vor ihnen? Haben sie, ohne es zu wollen, den Zorn der Götter auf sich gezogen? Verdienen sie eine solche Strafe?"

Intervenieren: seinen Einfluss bei jemandem geltend machen.

„Weiser Numa, die Götter sind der Stadt auf den sieben Hügeln wohl gesonnen. Hör mir gut zu: Schon bald wird ein Schild aus Kupfer vom Himmel fallen, dessen Besitz euch für immer vor Krankheiten schützen wird. Dieser Schild ist ein Geschenk der Götter. Er muss für alle Zeiten in Rom bleiben. Du wirst elf absolut identische Nachbildungen dieses Schildes anfertigen lassen. Falls nämlich jemand eines Tages versuchen sollte, ihn zu rauben, wird er nicht wissen, welcher der Schilde der echte ist."

Nach dieser Begegnung kehrt Numa wieder nach Rom zurück. Während seiner Abwesenheit ist das Unglaubliche bereits geschehen: Ein Schild aus Kupfer ist vom Himmel gefallen! Numa nimmt ihn an sich und siehe da, welch Wunder! Sofort ist die Krankheit aus der Stadt verschwunden. Der König lässt nun nach Veturius Mamunus schicken und bittet ihn, elf andere Schilde anzufertigen. Der geschickte Kunsthandwerker beginnt sofort mit der Arbeit. Die Nachbildungen sind perfekt, und Numa selbst ist nicht im Stande, das göttliche Geschenk von den nachgebildeten Schilden zu unterscheiden.

Seit dieser Zeit beschützt der Schild aus Götterhand die Stadt Rom vor allen Seuchen.

ITALIEN IST EIN VIELVÖLKERSTAAT zur Zeit der Gründung Roms.

Damals setzt ein langer Prozess der kulturellen Einigung der etruskischen und der griechischen Zivilisation ein, trotz unterschiedlicher Bräuche und verschiedener Sprachen.

Griechischer Segesta-Tempel auf Sizilien

Die Italiker

Italienische Völkerstämme wie die Lukaner, die Samniter oder die Sabiner entwickeln sich durch die Berührung mit den Etruskern und Griechen zu herausragenden Zivilisationen.

„DER SABINER NUMA WIRD EINSTIMMIG GEWÄHLT, OBGLEICH ER NOCH NIEMALS IN ROM WAR!"

Ombre della Cerra (Der Abendschatten), etruskische Kunst

Italischer Helm aus Bronze

Die Etrusker

In Etrurien sind die zwölf bedeutendsten Städte unabhängige Staaten mit eigener politischer Verwaltung. Diese bilden den so genannten Zwölf-Städte-Bund, der jedes Jahr anlässlich religiöser Feste zusammentritt.

Die Griechen

Zu Beginn des 8. Jh. v. Chr. siedeln sich die Griechen auf Sizilien und in Süditalien an. Sie nennen ihre neue Heimat „Groß-Griechenland". Griechische Kunst und Malerei wird von den Nachbarvölkern schnell nachgeahmt.

Samnitischer Krieger   *Samnitische Krieger, Grabmalerei*

Die Gallier

Ab dem 6. Jh. v. Chr. fallen die Gallier, ein **keltischer** Völkerstamm aus dem Norden, immer häufiger in Norditalien ein. Das Tragen des **Torques (Halskette)** ist eines der Merkmale, das sie von anderen Völkerstämmen unterscheidet.

Die Samniter

Die Samniter leben in den Bergen in Mittelitalien und werden lange Zeit von den Etruskern beherrscht. Doch im 5. Jh. v. Chr. gelingt es ihnen, die Etrusker aus Kampanien zu vertreiben.

Torques oder keltische Halskette

Die Horatier und die Curiatier

Als König Numa stirbt, hinterlässt er keine Erben. Das römische Volk trauert. Jeder weint um diesen König, der es verstand, den Frieden zwischen Menschen und Göttern zu bewahren. Jeder weint aber auch um diesen Vater, der alle Römer wie seine eigenen Söhne behandelte.

Der neue König von Rom ist zwar auch ein Sabiner, doch das genaue Gegenteil von Numa, dem Weisen: Tullus Hostilius ist jung, kühn und ungestüm. Nach seiner Wahl zum neuen König hält er eine mitreißende Rede vor dem römischen Volk: „Bürger Roms! Unsere Stadt hat im Laufe der Jahre stetig an Bedeutung gewonnen. Doch nun schlummert sie vor sich hin. Die Feinde unseres Volkes stehen vor den Toren der Stadt. Hätten wir die Kraft und den Mut, sie bei einem Angriff zurückzustoßen? Der Ruhm und die Macht Roms erfordern mehr als die schlichte Verteidigung unserer Stadt. Was zählt, sind Eroberungen!"

Viele Bürger bejubeln die Rede des neuen Königs. Und so dauert es nicht lange, bis eine Gelegenheit für Krieg und neue Eroberungen gefunden ist: An der Grenze zwischen Alba und Rom haben römische Bauern Vieh gestohlen, und die Reaktion der Alber bestand darin, Gleiches mit Gleichem zu vergelten. Tullus Hostilius benutzt diese Vorkommnisse als Vorwand und erklärt der Stadt Alba offiziell den Krieg.

Horatier: römisches Geschlecht. Die Römer trugen den Familiennamen als zweiten Namen. Gaius Julius Caesar stammte z. B. aus dem Geschlecht der Julier.
Curiatier: albisches Geschlecht.

Im Garten ihres Vaterhauses trifft sich **Horatia**, eine schöne Römerin, mit dem Mann, den sie liebt: **Curiatius**, ein junger albischer Soldat. Sie sprechen über die neue Lage, und Horatia sagt mit bitterer Stimme: „Dieser Krieg ist ungerecht. Sind denn die Bewohner von Alba und Rom nicht wie Geschwister? Sind sie denn nicht die Nachkommen der Trojaner, die einst aus ihrer Heimat vertrieben wurden? Ich begreife nicht, wie es zum Krieg zwischen unseren Völkern kommen konnte."

„Du hast Recht", antwortet ihr Curiatius. „Euer König hat nicht die Macht Roms im Sinn, sondern seine eigene."

„Du musst jetzt gehen, Curiatius, sonst riskierst du, dass sie dich gefangen nehmen. Nimm diesen Mantel, den ich selbst für dich angefertigt habe. Ich möchte, dass du ihn als Andenken an mich trägst. Ich werde dich niemals vergessen!", seufzt sie.

„Ich werde ihn immer tragen, und wenn der Krieg vorbei ist, werde ich dich hier an der gleichen Stelle wiedertreffen. Selbst ein Krieg kann unsere Liebe nicht zerstören."

Als er von ihr fortgeht, bleibt Horatia mit schwerem Herzen zurück.

Einige Tage später ist ganz Rom in Aufregung: Alle Männer im kriegsfähigen Alter machen sich bereit, die Stadt zu verlassen. Auf der Schwelle ihres Hauses umarmt Horatia ihre drei Brüder, die in den Krieg ziehen. Sie können es kaum erwarten, sich mit den Albern anzulegen, und verlassen eilig das Haus, ohne sich noch einmal umzudrehen.

Unterhalb der Stadtmauern von Alba stehen sich die beiden Armeen gegenüber. Plötzlich sehen die Römer einen albischen Boten herannahen. Mettius Fufetius, Kommandant der albischen Armee, lässt ausrichten, dass er vor Beginn des Kampfes eine Unterredung mit Tullus Hostilius wünscht. Der König von Rom ist einverstanden, und beide Feldherrn treffen sich in Begleitung einiger Offiziere. Der Alber ergreift als Erster das Wort: „Mein Volk hat mir die Aufgabe übertragen, Krieg zu führen, und das ist meine Pflicht. Ich versuche nicht herauszufinden, ob die Alber oder die Römer im Recht sind. Es ist der Ehrgeiz, der zwei verwandte Völker in den Krieg gegeneinander treibt. Ich möchte dich jedoch warnen, Tullus Hostilius: Unsere mächtigen Nachbarn, die Tyrrhener, verfolgen mit großem Interesse unsere Streitigkeiten. Ob als Sieger oder Besiegte, unsere Völker werden nach dem Kampf erschöpft und am Ende ihrer Kräfte sein. Welch leichte Beute werden sie dann für so gefährliche Nachbarn sein!"

Tullus Hostilius hört ihm zu und versucht dabei, seine aufsteigende Wut auf die Tyrrhener zu unterdrücken. „Welche Lösung schlägst du vor, um unsere Streitigkeiten zu klären?"

„Nun, es soll ein Zweikampf der besten Krieger aus beiden Städten stattfinden. Die Soldaten, die überleben, haben den Sieg für ihr Volk errungen. Das andere Volk muss sich den Siegern vollkommen unterwerfen."

„Mir bleibt nichts anderes übrig, als diese Lösung anzunehmen, denn so wird weniger Blut unter meinen Männern vergossen."

Vor den allmächtigen Göttern ihrer Städte schwören sie feierlich, diese Abmachung einzuhalten.

Die Kämpfer der beiden Völker stehen nun fest. Auf beiden Seiten gibt es zufällig drei Brüder gleichen Alters, was als Zeichen der Götter angesehen wird. Drei Horatier kämpfen für die Sache der Römer gegen drei aus dem Geschlecht der Curiatier auf Seiten der Alber. Die Kameraden ermutigen sie durch Zurufe, dürfen jedoch selbst zu keiner Zeit in den Kampf eingreifen. Unter den zuschauenden Soldaten macht sich unerträgliche Spannung breit. Ihre Blicke ruhen auf den Kämpfern, sie halten den Atem an. Das Startsignal wird gegeben. Die jungen Männer stürzen mit Schwertern und Schilden bewaffnet aufeinander los. Keiner von ihnen denkt an die Gefahr, sondern nur daran, was auf dem Spiel steht: Sie kämpfen, um den Sieg für die ganze Nation zu erringen.

Die Brutalität des Kampfes ist so groß, dass die Menge verstummt.

Der Schutz der Schilde reicht nicht aus, um Blutvergießen zu vermeiden: Zwei Curiatier werden verwundet, können sich aber auf den Beinen halten und den Kampf fortsetzen. Plötzlich bricht einer der Horatier zusammen. Der Tod des Römers wird von den Albern bejubelt. Der Kampf geht jetzt mit noch größerer Härte weiter. Nun wird auch der dritte albische Krieger verwundet, doch gleichzeitig wird ein weite-

rer Horatier tödlich getroffen. In den Reihen der Alber bricht Freudengeschrei aus. Ihre Kämpfer haben zwar Verwundungen davongetragen, doch sie sind immer noch zu dritt, und nur noch ein einziger römischer Kämpfer ist übrig.

Ein Hauch von Verzweiflung macht sich im römischen Heer breit. Wie soll sich der Horatier allein gegen drei Gegner verteidigen? Der Römer weiß, dass seine einzige Chance, die Curiatier zu besiegen, darin besteht, nacheinander mit jedem Einzelnen zu kämpfen. Er ergreift deshalb die Flucht, um die angeschlagenen Gegner, die ihre letzte Kraft für seine Verfolgung aufbringen müssen, auseinander zu treiben. Als der Kampfplatz schon in einiger Entfernung hinter ihm liegt, dreht sich Horatius kurz um, damit er feststellen kann, wie weit seine Gegner ihm gefolgt sind. Alle sind hinter ihm her,

doch – wie von ihm beabsichtigt – in unterschiedlichen Abständen. Ein Curiatier ist ihm dicht auf den Fersen. Horatius verlangsamt und dreht sich zu ihm um. Mit einer abrupten Bewegung durchbohrt er ihn mit seinem Schwert. Der Alber bricht tot vor ihm zusammen. Nun rennt Horatius unter den Anfeuerungsrufen der Römer zum zweiten Gegner und tötet auch diesen, bevor der dritte Curiatier ihn einholen kann. Jetzt stehen sich nur noch Horatius und der Letzte der drei Alber gegenüber. Curatius ist erschöpft von der Verfolgungsjagd und zudem schwer verletzt. Er hat nicht einmal mehr die Kraft, seine Waffen in der Hand zu halten. Ohne einen Moment zu zögern stößt Horatius ihm mit voller Wucht sein Schwert in den Hals. Ein Schwall von Blut schießt heraus. Nach diesem Todesstoß nimmt Horatius dem Alber den Man-

tel ab und schwenkt ihn wie eine Fahne zum Zeichen des Sieges.

Die Römer bejubeln ihren siegreichen Helden. Nachdem beide Heere ihre Toten begraben haben, kehren die römischen Truppen in einem Triumphzug mit Horatius an der Spitze in ihre Heimat zurück.

Horatia, die Schwester des Siegers, hat zwischenzeitlich von der Rückkehr der römischen Armee erfahren und eilt zum Stadttor. Als sie ihren Bruder sieht und den Mantel auf seinen Schultern wiedererkennt, den sie einst Curiatius geschenkt hatte, bricht sie in Tränen aus und ruft in wildem Schmerz den Namen ihres verstorbenen Verlobten. Horatius bemerkt dies und wird zornig. Er geht schnellen Schrittes auf seine Schwester zu und zieht sein Schwert.

„Geh zu deinem Verlobten, unwürdige Schwester!", ruft er aus und stößt ihr die Klinge mitten ins Herz. „Du vergisst deine gefallenen Brüder, du vergisst dein Vaterland. Für dich zählt nur deine Liebe. So sollen künftig alle Römerinnen sterben, die um einen Feind trauern!"

Das Volk ist über dieses Verbrechen sehr erschüttert. Horatius wird festgenommen und König Tullus Hostilius vorgeführt, der den Gesetzen folgend zwei Richter bestimmt. Die beiden Richter verurteilen Horatius zum Tod durch Erhängen. Da wendet sich Horatius an das Volk und bittet um Aufhebung des richterlichen Urteils. Sein Vater, Publius, ergreift das Wort. Tränen laufen über das von Trauer gezeichnete Gesicht des

Alten: „Volk von Rom, zwei meiner Söhne sind für euch im Kampf gefallen. Der Dritte hat unserem Volk die Freiheit geschenkt. Meine Tochter hatte durch ihr Verhalten den Tod verdient. Vor kurzer Zeit hatte ich noch eine große Familie. Und nun wollt ihr mir das einzige Kind nehmen, das mir noch geblieben ist. Oh Volk von Rom, ich bitte euch um **Gnade**!"

Gnade: Vergebung eines Verbrechens oder Milderung einer Strafe.

Horatius wird, obwohl schuldig, von der Volksversammlung freigesprochen, da ihr Mitgefühl für den verzweifelten Vater groß ist.

Die Tapferkeit des Helden siegt über sein Verbrechen.

DAS MILITÄRWESEN der Römer bildet sich erst in der Auseinandersetzung mit Städten der Umgebung und anderen Völkern heraus. Seit der Gründung liefert Rom sich viele Kämpfe mit den Nachbarvölkern. Mit der Zeit verändern die Soldaten ihre Organisation und ihre Ausrüstung und entwickeln eine neue Strategie.

Etruskischer Helm

Etruskischer Krieger

Kampf eines etruskischen Kriegers gegen die Amazonen

Die römische Armee
Die im 6. Jh. v. Chr. entstandene Legion (ein Heer von 4 000 Männern) geht auf Servius Tullius, etruskischer König von Rom, zurück. Alle freien Männer, die ein Stück Land besitzen, werden in die Armee einberufen.

Jeder römische Bürger muss seine Ausrüstung selbst bezahlen. Die Reichsten dienen in der Kavallerie, die Ärmsten in der leichten Infanterie, alle anderen in der schweren Infanterie.

Die Ausrüstung
Sie besteht aus einem Helm, einem Kettenhemd und einem Schild. Die Soldaten besitzen außerdem eine Lanze, einen Wurfspeer, um weiter entfernte Gegner erreichen zu können, sowie ein kurzes Schwert.

„Das Startsignal wird gegeben. Die jungen Männer stürzen mit Schwertern und Schilden bewaffnet aufeinander los."

Der Schild

Er ist rund oder oval, hat einen Handgriff und wird am linken Unterarm befestigt. Der Schild schützt nur einen Teil des Körpers des Soldaten.

Detail einer Keramik mit der Darstellung einer Phalanx-Aufstellung

Die hoplitische Phalanx

Zur Zeit des Trojanischen Krieges werden Einzelkämpfe ausgetragen. Unter den etruskischen Königen in Rom wird jedoch eine neue Militärstrategie eingeführt: die Phalanx. Bei dieser Kampfaufstellung, die auf griechische Soldaten (die Hopliter) zurückgeht, ziehen die Infanteristen in geschlossenen, engen Reihen zu Felde und greifen gemeinsam an. Auf diese Weise schützen sie sich mit ihren Schilden gegenseitig.

Bronzestatue des Laran, etruskischer Kriegsgott

Tarquinius Superbus

Der Garten eines herrschaftlichen römischen Wohnsitzes ruht im warmen Licht der letzten Sonnenstrahlen des Tages. Im Schatten der Zypressen umarmen sich zwei Liebende. Schon seit mehreren Wochen trifft sich Lucius Tarquinius heimlich mit Tullia, der Schwester des Königs Servius Tullius. Was die beiden verbindet, ist ihr feuriges Temperament.

Tullia ergreift die Hand des Geliebten und sagt zu ihm: „Warum hat Fortuna nicht uns vereint?"

„Das Schicksal hat anders entschieden", antwortet Lucius. „Ich habe deine Schwester und du hast meinen Bruder geheiratet. Sie haben beide diesen friedliebenden Charakter, der uns so fremd und auch verhasst ist. Die Götter haben uns verspottet!"

„Stell dir nur vor, was unsere eheliche Verbindung bewirken könnte: Du würdest der mächtigste Mann Roms! Du könntest wie dein Vater Tarquinius Priscus über unsere Stadt herrschen ..."

„An dem Tag, als mein Vater in Rom ankam, raubte ihm ein Adler seine Kopfbedeckung. Und meine Mutter, die durch den Vogelflug den Willen der Götter deuten konnte, begriff, dass der Göttervater unserer Familie ein außergewöhnliches Schicksal zugedacht hat."

„Du musst die Nachfolge meines alten Vaters antreten, du hast ein Anrecht auf den Thron. Ach, wenn doch bloß dein Bruder und meine Schwester unseren Plänen nicht im Wege stünden!"

Besessen von ihrem grenzenlosen Ehrgeiz verabschieden sich die Liebenden in der sich herabsenkenden Dämmerung.

mysteriös:
geheimnisvoll, rätselhaft.

Kurze Zeit später erhören die Götter ihr Bitten: Tullias Gemahl und Lucius' Gemahlin finden auf **mysteriöse** Weise den Tod. Tullia teilt ihrem Vater unverzüglich ihre Absicht mit, Lucius Tarquinius zu heiraten. Da gerät ihr Vater in großen Zorn: „Wie kannst du es wagen, von Heirat zu sprechen, während du noch Trauer trägst? Sind deine Tränen so schnell getrocknet? Ich wünsche nicht, dass du den Mann heiratest, der einst mit deiner eigenen Schwester vermählt war, wenn du selbst deinen eigenen Gatten gerade erst zu Grabe getragen hast!"

„Nimm zur Kenntnis, dass ich heute noch heiraten werde, mit oder ohne dein Einverständnis ..."

Lucius und Tullia sind fortan Mann und Frau. Wenn Servius Tullius eines Tages stirbt, wird Lucius seine Nachfolge antreten. Dennoch sehnt der junge Mann noch mit der gleichen Ungeduld den Tag der Machtübernahme herbei. Seine junge Frau Tullia versteht es, jeden Tag den Hochmut ihres Mannes herauszufordern. Sie stachelt seinen und ihren eigenen Ehrgeiz an und zwingt ihn zum Handeln: „Wenn du nicht den

Wagemut deines Vaters besitzt, der aus Etrurien kam, um König von Rom zu werden, dann geh doch wieder zurück, und lebe in Mittelmäßigkeit! Du machst deinen Ahnen keine Ehre!"

Es ist Markttag in Rom. Viehzüchter aus dem umliegenden Land haben sich auf dem Forum versammelt. Von überall ist lautes Rufen zu hören, denn jeder hofft, sein eigenes Vieh zum besten Preis verkaufen zu können. Plötzlich erscheint Lucius in Begleitung bewaffneter Männer. Der junge Prinz schreitet die Treppenstufen zur **Kurie** hinauf und unterbricht jegliche Aktivität, indem er sich an die Römer wendet: „Der Usurpator Servius Tullius ist schon zu lange an der Macht. Seine wilde Kriegslust führt unsere Stadt in den Ruin. Es ist höchste Zeit, dem ein Ende zu setzen!"

Kurie: Versammlungsort der wichtigsten Berater des Königs (Senatoren).

Ohne zu zögern nimmt Lucius in der Kurie auf dem Königsstuhl Platz. Doch Servius Tullius eilt schon herbei.

„Was geschieht hier, Lucius Tarquinius?", fragt er ihn mit zornigem Blick. „Wer hat dir erlaubt, zu meinen Lebzeiten meinen Platz einzunehmen? Wie kannst du es wagen, ohne meine Zustimmung zu den Römern zu sprechen?"

„Du hast den Thron meines Vaters an dich gerissen ... nun soll er wieder an meine Familie zurückgegeben werden!", antwortet Tarquinius ihm mit arroganter Stimme.

Und dann lässt er auf seine Worte Taten folgen: Er packt den greisen Mann und wirft ihn die Stufen hinunter. Ohne sich weiter um den verletzten, in seinem Blute liegenden König zu kümmern fährt Tarquinius mit seiner Rede fort.

Die Römer erstarren in Furcht vor diesem grausamen und unerbittlichen Mann. Einige Anhänger des Königs wollen den Verletzten in Sicherheit bringen. Aber auf dem Weg zum Palast werden sie von Handlangern des Tarquinius eingeholt, die den Auftrag erhalten haben, das Werk ihres Herrn zu vollenden. Ohne Mitleid töten sie Servius Tullius und seine treuen Gefolgsleute.

Tarquinius ist nun König von Rom. Mit Unterstützung seiner Frau übt er eine **tyrannische** Gewalt aus. Im Geheimen verleihen zahlreiche Römer ihm den Namen Tarquinius Superbus, das bedeutet „der Hochmütige". Niemand wagt es, sich ihm zu widersetzen.

Tyrann: Alleinherrscher, der seine Macht missbraucht.

Tarquinius lässt einen Tempel zu Ehren Jupiters, der ihn zum König von Rom machte, auf dem **Kapitol** errichten. Beim Ausheben der Fundamente entdecken die Arbeiter einen vollständig erhaltenen menschlichen Kopf!

Kapitol: einer der sieben Hügel Roms.

Sofort werden etruskische Seher zu Rate gezogen, die das göttliche Vorzeichen deuten: Rom wird eines Tages an der Spitze der Welt stehen.

Über ein anderes Zeichen jedoch gerät der König in große Besorgnis. Erschrockene Arbeiter berichten ihm, dass eine Schlange aus einer Holzsäule hervorkroch. Tarquinius überwindet seine Angst und begibt sich auf die Baustelle. Dort sieht er, wie das Reptil sich langsam aus der Stadt entfernt. Von da an lässt ihn der Gedanke an dieses Bild nicht mehr los.

Denn die Schlange ist ihm vertraut ... Ist es nicht der Geist seiner Familie, der sich aus Rom entfernt? Wird das Königreich ihm aus den Händen gleiten?

Tarquinius führt ein verschwenderisches Leben. Er liebt den Luxus und lädt häufig zu Festmählern ein. Um seine leeren Kassen wieder aufzufüllen, beabsichtigt er, Ardea, die Hauptstadt seiner reichen Nachbarn, zu überfallen.

Die Stadt ist schnell von römischen Soldaten umringt, doch die Belagerung gestaltet sich schwieriger und langwieriger als geplant. Sextus, der Sohn des Tarquinius, und sein Vetter Collatinus sitzen in ihren Zelten zusammen, um sich die Zeit zu vertreiben. Sie trinken dabei Wein und erzählen sich Geschichten über ihr Leben in Rom. Eines Abends kommt die Rede auf ihre Frauen. Dabei lobt jeder die Vorzüge seiner eigenen. Unter dem Einfluss des Alkohols entwickelt sich eine lebhafte Diskussion. Da meint Collatinus: „Worte sind zu nichts nütze, nur Taten zählen. Satteln wir unsere Pferde und überraschen unsere daheim gebliebenen Frauen. Dann werden wir sehen, womit sie sich in unserer Abwesenheit beschäftigen. Ich bin sicher, dass meine liebste Lucretia in ihrer Tugendhaftigkeit am besten abschneiden wird."

In schnellem Ritt machen sich die beiden jungen Männer auf den Weg und kommen vor Sonnenuntergang in Rom an. Die Gattin von Sextus nimmt an einem Festmahl im Königspalast teil und scheint sich prächtig zu amüsieren. Sie macht sich nicht die geringsten Sorgen um das Schicksal ihres Mannes. Anschließend reiten die jungen Leute zum Wohnsitz von Collatinus. Dort sitzt Lucretia inmitten der Mägde am

Spinnrad. Die junge Frau bereitet ihrem Gatten und dessen Gefährten einen herzlichen Empfang. Ihre Schönheit und ihre Tugend wecken augenblicklich das Verlangen in Sextus, der das stürmische Temperament seines Vaters geerbt hat.

Einige Tage darauf kehrt er ohne Collatinus' Wissen zu Lucretia zurück. Da alle Männer vor den Toren der Stadt Ardea geblieben sind, kann er Lucretia ohne Schwierigkeiten glaubhaft machen, dass er in geheimer Mission komme. Arglos heißt sie ihn willkommen. Nach dem Essen geleitet ein Diener Sextus zu seinem Zimmer. Doch dieser hat nur ein einziges Verlangen: Er will wieder zu ihr, der schönen Lucretia.

Mitten in der Nacht sieht die junge Römerin mit Entsetzen, dass Sextus in ihre Gemächer eindringt. Seine Augen funkeln wild, und er trägt eine Waffe in seiner Hand. Ohne jeglichen Respekt vergeht er sich an der wehrlosen Frau und lässt sie anschließend tränenüberströmt zurück.

Als ihr Vater und Collatinus sie am nächsten Morgen besuchen, steht ihr die Verzweiflung ins Gesicht geschrieben.

„Was ist mit dir geschehen, meine liebste Lucretia?", ruft Collatinus, als er sie sieht. „Warum sind deine Haare so zerzaust, und was haben diese Tränen zu bedeuten?"

„Wie kann eine entehrte Frau ihrem Mann noch in die Augen schauen? Mein Schmerz ist grenzenlos! Sextus Tarquinius hat dein Vertrauen missbraucht, er ist letzte Nacht in meine Gemächer eingedrungen und hat mich missbraucht. Was soll nun aus mir werden?"

Vergeblich versuchen Vater und Ehemann, die junge Frau zu beruhigen. Sie kann die Schande nicht ertragen, die man ihr angetan hat. Als sie wieder allein ist, nimmt sie einen Dolch und stößt ihn sich aus Verzweiflung in die Brust.

Der Tod von Lucretia stürzt beide Männer in tiefen Schmerz. Sie haben nur einen Gedanken: ihren Tod zu rächen! Sie tragen den Leichnam der Unglücklichen zum Forum. Ihr Freund Brutus bringt zum Ausdruck, was alle Römer denken: „Schaut euch diese Frau von beispielhafter Tugend an! Was hat sie Böses getan? Der niederträchtige Sextus hat ihre Unschuld ausgenutzt, und während sie da liegt, lauert er vielleicht schon einem neuen Opfer auf, vielleicht einer von euren Töchtern! Genau wie sein Vater respektiert er nichts und niemanden, nicht einmal den heiligen Bund der Ehe. Erinnert euch daran, dass Tarquinius Superbus unseren König, seinen Schwiegervater, tötete und wie oft er nur aus persönlicher Habgier Krieg führt. Der Sohn vergewaltigt unsere Töchter, der Vater setzt das Leben unserer Söhne in unbedachten Kämpfen aufs Spiel. Es wird Zeit, diese Familie, die Rom nur Unheil bringt, aus der Stadt zu jagen!"

Als er von dem Volksaufstand erfährt, verlässt Tarquinius Ardea, um gegen Rom vorzugehen. Doch trotz seiner ausdrücklichen Befehle bleiben die Stadttore geschlossen. Das römische Volk feiert das Ende der Tyrannei. Tarquinius wird aus der Stadt Rom verbannt.

Rom hat nun keinen König mehr.

DREI ETRUSKISCHE KÖNIGE regieren nach der Herrschaft der Sabiner in Rom. Sie gelten als Furcht erregende Krieger, meisterhafte Schmiede und fromme Bürger – aber auch als Piraten. Es wird ihnen eine gewisse „Verweichlichung" nachgesagt, die wahrscheinlich in ihrer hoch entwickelten Lebenskunst begründet ist. Ein eindruckvolles Zeugnis hiervon geben die außergewöhnlichen Fresken an den Grabwänden der Nekropolen.

Freske, Detail eines Festmahls

„SOFORT WERDEN ETRUSKISCHE SEHER BEFRAGT, DIE DAS GÖTTLICHE VORZEICHEN DEUTEN: ROM WIRD EINES TAGES AN DER SPITZE DER WELT STEHEN."

Die Metallverarbeitung
Grundlage des etruskischen Schmiedehandwerks ist das im Boden übermäßig vorhandene Eisen. Das Holz aus den Wäldern Etruriens dient als Brennmaterial für die Hochöfen. Schmieden entstehen auf der Insel Elba sowie auf dem Festland. Im 8. Jh. v. Chr. erlangen die Etrusker große Fertigkeiten in der Schmiedekunst. Aus den Schmiedewerkstätten entwickelt sich eine florierende Industrie, die serienmäßig Geschirr und vor allem ausgefallene Bronzestatuen, wie beispielsweise die **Chimäre von Arezzo**, herstellt.

Die Chimäre von Arezzo

Die etruskische Malerei

Sie ist vor allem durch die Freskenmalerei an den Wänden prunkvoller Gräber des etruskischen Adels bekannt. Damit soll dem hohen Rang der Verstorbenen Rechnung getragen werden. Die Fresken sind wundervolle Zeugnisse des alltäglichen Lebens der etruskischen Oberschicht. An jenen Orten des Todes werden oft Eindrücke großer Lebensfreude dargestellt durch Themen wie beispielsweise das Festmahl, die Spiele, der Wettkampf, die Jagd, der Fischfang oder humoristische Szenen.

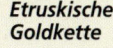

Etruskische Goldkette

Schmuck und Ornamente

Im 7. Jh. v. Chr. gelten die Goldschmiede aus Etrurien als große Meister in der Goldverarbeitung. Sie perfektionieren griechische und orientalische Handwerkstechniken. **Halsketten**, Ohrringe und andere Schmuckgegenstände sind von großer Einzigartigkeit. Bei der Herstellung wird die Technik der Granulation angewandt: Winzige Goldkörner werden auf eine Platte aufgelötet. Den Schmuck, den die Damen der etruskischen oberen Gesellschaft tragen, nehmen sie später mit in ihr Grab.

Die Entstehung Roms: Zwischen Mythos und Geschichte

Die Ursprünge der Stadt Rom werden gleichermaßen in geschichtlichen Überlieferungen wie in reinen Legenden beschrieben. Die römischen Dichter und Historiker, die erst sechs oder sieben Jahrhunderte später – und in verschiedenen Versionen – von der Entstehung Roms berichten, dürften selbst Mühe gehabt haben, zwischen Mythos und historischer Wahrheit zu unterscheiden.

Vergil und die *Aeneis*

Es gibt viele Autoren lateinischer oder griechischer Herkunft, die in ihren Werken von den Abenteuern des Helden Aeneas berichten. Ihr Hauptinteresse galt jedoch der historischen Bedeutung der Figur. Mit Vergil (1. Jh. v. Chr.) öffnete sich hingegen erstmalig die ganze Welt der Mythologie. In seinem Epos, der *Aeneis*, erzählt er in 12 Büchern und nach griechischem Vorbild die Geschichte des Trojaners Aeneas. Die Götter sind in diesem Werke allgegenwärtig: Während Juno alles daransetzt, Aeneas auszuschalten, steht Aeneas' Mutter Venus ihm oftmals zur Seite, um ihm sicheres Geleit oder Schutz zu geben. Die *Aeneis* ist quasi der erste Akt der Legende von der Gründung Roms.

Plutarch, Dionysios von Halikarnassos und Titus Livius

Geschichtsschreiber haben Berichte über die Gründung Roms und die Zeit der ersten römischen Könige aufgegriffen, um für die Leser die Legenden um die großen Helden wieder aufleben zu lassen. Es ging ihnen dabei jedoch

Die *Aeneis*
Das Epos beginnt mit der Flucht aus Troja und beschreibt in Rückblicken die lange Reise, die Aeneas und seine Gefährten nach Kreta, Karthago, Italien und schließlich ins Reich der Toten führt.
Diese Reise erinnert an die Reise des Odysseus, der nach dem Untergang Trojas nach Ithaka zurückkehren will. Der zweite Teil der *Aeneis* enthält wie die *Ilias* von Homer Szenen zahlreicher erbitterter Kämpfe in den Anfangsjahren Roms.

Vergil (70–19 v. Chr.)

in erster Linie um die Darstellung von Fakten.

Der Grieche Plutarch (1. Jh. v. Chr.) war oft in Rom. In seinen *Vitae Parallelae* vergleicht er jeweils zwei bedeutende Figuren der griechischen und römischen Geschichte. Seine Biografie *Romulus* gilt als eine der aufschlussreichsten Informationsquellen über den ersten König Roms, den er mit dem legendären Griechen Theseus

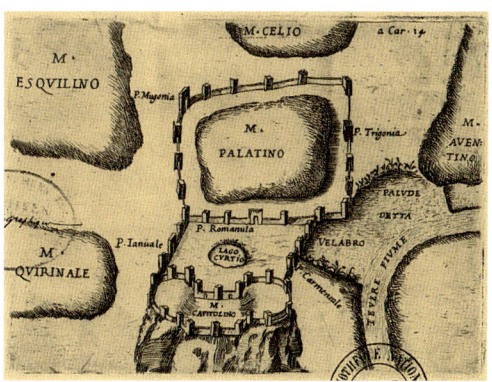

Das Rom des Romulus zur Zeit seiner Gründung

vergleicht. Auch die Herrschaft des Sabiners Numa wird in *Numa Pompilius* eingehend beschrieben.

Der Grieche Dionysios von Halikarnassos (1. Jh. v. Chr.), der fast 30 Jahre in Rom lebte, verfasste in griechischer Sprache ein umfassendes Werk in 20 Büchern über die Geschichte Roms, die *Antiquitates Romanae*. Als Textquellen dienten ihm heute nicht mehr existierende Berichte älterer Autoren.

Titus Livius, ein Zeitgenosse Vergils, schrieb in lateinischer Sprache ein gigantisches Werk über die Geschichte Roms (*Ab urbe condita*) in 142 Bänden. Ein Großteil dieser Bücher ist verloren gegangen, doch die Bücher über die Gründung der Stadt und das Königtum sind so gut wie vollständig erhalten geblieben. Ebenso wie die *Aeneis* entstand dieses Werk zur Zeit des Kaisers Augustus, als Rom den gesamten Mittelmeerraum beherrschte. Titus Livius beschreibt den unaufhaltsamen Aufstieg des römischen Volkes unter Verwendung nicht erhalten gebliebener Texte älterer Autoren, wie z. B. Valerius Antias, Fabius Pictor oder Caelius Antipater. Der Leser erhält somit eine Fülle von Informationen über die Ursprünge Roms. Der Kampf der Horatier und der Curiatier oder die Vergewaltigung der Lucretia zeugen davon, dass der Autor für Werte wie Mut und Tugend sehr empfänglich war.

Die trojanischen Ursprünge Roms
Die Entstehungsgeschichte Roms war nicht nur mit Glanz und Glorie behaftet. Erst Vergil macht in seiner *Aeneis* durch Rückgriff auf eine alte Tradition den Sohn der Göttin Venus zu einem der Gründer Roms und gibt damit den Römern einen Grund, stolz auf ihre Geschichte zu sein.
In der lateinischen Kultur gilt die *Aeneis* schließlich als die größte Dichtung überhaupt, als gleichwertiges Gegenstück zu den homerischen Werken. Daher begegnet die *Aeneis* auch heute noch zahlreichen Schülern im Unterricht.

753–715 v. Chr.:
Der Sage nach gründet **Romulus** die Stadt Rom am 21. April des Jahres 753. Mit der Eselsbrücke „7-5-3, Rom schlüpft aus dem Ei" kann man sich dieses Datum leicht merken. Romulus ist der erste König Roms.

715–673 v. Chr.:
Regierungszeit des friedliebenden, sabinischen Königs **Numa Pompilius**.

673–641 v. Chr.:
Unter der Herrschaft des kriegerischen Königs **Tullus Hostilius** wird die Stadt Alba Longa zerstört.

641–616 v. Chr.:
Ancus Marcius regiert Rom. Während seiner Regierungszeit soll der Hafen von Ostia besiedelt und die erste hölzerne Brücke über den Tiber erbaut worden sein.

616–578 v. Chr.:
Lucius Tarquinius Priscus ist der erste der drei etruskischen Könige der Stadt Rom. Er besiegte die Sabiner und erlangte die Herrschaft über zahlreiche latinische Städte. In seiner Regierungszeit entstanden viele öffentliche Gebäude in Rom, z.B. der Circus Maximus.

578–534 v. Chr.:
König **Servius Tullius** erweiterte die Stadtgrenzen und lässt neben Tempeln und anderen öffentlichen Gebäuden die servische Stadtmauer errichten.

543–510 v. Chr.:
Lucius Tarquinius Superbus ist der letzte König Roms. Nach einer jahrzehntelangen Schreckensherrschaft wird er durch einen Volksaufstand gestürzt. Rom ist von nun an Republik.

Maggiore, Rom
© Scala;
u: Hermes, etruskische Kunst,
510–500 v. Chr.,
Villa Giulia Nationalmuseum © Giraudon

64 l: Toskana, bei
Volterra © Patrick
Somelet/Diaf;
o: Bauern von
Arezzo, 6. Jh. v. Chr.,
Bronze, Villa Giulia
Nationalmuseum
© Giraudon;
r: Die römische
Wölfin, Anfang
5. Jh. v. Chr., Kapitolsmuseum, Rom
© Dagli-Orti

65 o: Flöte spielender
Schäfer, Mosaik,
1. Jh. v. Chr.,
Archäologisches
Museum, Korinth
© Dagli-Orti

74 o: Szene aus dem
Relief Sulcus Primigenius, 1. Jh. v. Chr,
Archäologisches
Museum, Aquileia;
m: Rom, Servische
Mauer © Scala;
u: Bestattungsurne,
7. Jh. n. Chr., Museum
der Römischen
Zivilisation, Rom
© Dagli-Orti

75 m: Karte von
Rom, Illustration
von V. Desplanche
© Gallimard Jeunesse

86 o: Maske, Terrakotta, etruskische
Kunst, Villa Giulia

Nationalmuseum,
Rom © Dagli-Orti;
m: Pferderennen,
etruskische Kunst,
Museo Palazzo
Comunale, Siena
© Nimatallah/
Artephot;
u: Bankett, Grab der
Leoparden, Totenstadt von Tarquinia
© A. Held/Artephot

87 m: Musiker mit
Doppelflöte, Grab
der Leoparden,
Wandmalerei in der
Totenstadt von
Tarquinia,
um 490 v. Chr.
© Giraudon;
r: Tanz- und Kampfszene, Wandmalerei,
Grab des del Colle,
Chiusi © Scala

98 l: Ombre della
Cerra, etruskisches
Museum Guarnacci,
Volterra © Scala;
r: Griechischer
Segesta-Tempel
© B. Morandi/Hoa-
Qui;
u: Italischer Helm,
Bronze, 4. Jh. v. Chr.,
Archäologisches
Museum, Neapel
© Dagli-Orti

99 o: Samnitische
Krieger, Fresko,
Nationalmuseum,
Neapel
© Gallimard/Univers
des Formes oder
Gallimard-La
Photothèque;
l: Samnitischer
Krieger, Bronze,

5. Jh. v. Chr., Louvre,
Paris © RMN;
r: Keltische Halskette,
Silber, 3. Jh. v. Chr.,
Archäologisches
Museum, Brescia
© Dagli-Orti

110 m: Sarkophag
der Amazonen,
Detail, um 370 v. Chr.,
Archäologisches
Museum, Florenz
© Giraudon;
r: Etruskischer Helm,
Villa Giulia Nationalmuseum, Rom
© Scala;
u: Krieger, Bronze,
6. Jh. v. Chr., Louvre,
Paris © RMN

111 u: Schild, etruskische Kunst, Archäologisches Museum,
Forli © Nimatallah/
Artephot;
o: Krieger, Detail
einer Vase, Keramik,
640–630 v. Chr.,
Villa Giulia
Nationalmuseum
© Nimatallah/
Artephot;
m: Mars von Todi,
Bronze,
380–370 v. Chr.,
Vatikanisches
Museum, Rom
© Alinari-Giraudon

122 r: Bankettszene
im Haus des Larth
Velcha, Grab der
Schilde, Tarquinia
© A. Held/Artephot;
u: Chimäre von
Arezzo, Bronze,
5. Jh. v. Chr.,
Archäologisches

Museum, Florenz
© Dagli-Orti

123 m: Frauenkopf,
Grab des Menschenfressers, Tarquinia,
Ende 4. Jh. v. Chr.
© Giraudon;
r: Halskette aus
Tarquinia,
4. Jh. v. Chr., Villa
Giulia Nationalmuseum, Rom
© Nimatallah/
Artephot

124: Vergil von
Signorelli, Kirche
San Brizio, Italien
© Roger-Viollet

125: Das Rom des
Romulus zur Zeit
seiner Gründung,
Kupferstich,
17. Jh. n. Chr. © B. N.

Redaktionelle
Leitung:
Maylis de Kerangal
Künstlerische
Leitung:
Elisabeth Cohat

DIE GRÜNDER ROMS
(SUR LES TRACES DES
FONDATEURS DE ROME)

Grafiker:
Raymond Stoffel
Christine Régnier
Redaktion:
Françoise Favez
Maylis de Kerangal
Gestaltung:
Anaïck Bourhis